VOYAGE

AUX

Pays Révolutionnaires

LIBRAIRIE DE E. DENTU, ÉDITEUR

ŒUVRES DU MÊME AUTEUR :

Les Discours du Trône, depuis 1814 jusqu'à 1869, 1 vol. in-12, avec préface. . . . . 3 »
Histoire de la Commune, 1 vol. in-12. . . . . 3 »
Les Cafés politiques et littéraires de Paris, 1 vol. in-16, imprimé par Claye.. . . . . 2 »
Les Boutiques d'Esprit, journaux et librairies, 1 vol. in-12. 3 50
Le Roman d'un Parvenu, 1 vol. in-12 (épuisé).. . . . . » »
Mademoiselle de Merville, 1 vol. in-12. . . . . 3 »
La Sirène de l'Argonne, 1 vol. in-12. . . . . 3 »
Voyage de Laponie, de Regnard, avec une préface et des notes, 1 vol. in-12.. 4 »
Mémoire de l'élection de l'empereur Charles VII, en 1742, 1 vol. in-8. . . . . 7 »

POUR PARAITRE PROCHAINEMENT :

La Vie d'un Artiste, roman, un volume.

Paris. — Imprimerie de E. Donnaud, rue Cassette, 1.

VOYAGE

AUX

Pays Révolutionnaires

PAR

AUGUSTE LEPAGE

DEUXIÈME ÉDITION

PARIS

E. DENTU, EDITEUR

LIBRAIRE DE LA SOCIÉTÉ DES GENS DE LETTRES

PALAIS-ROYAL, 15-17-19, GALERIE D'ORLÉANS

1879

PRÉFACE

Depuis bientôt un siècle que les révolutions se succèdent en France, chaque parti arrivant au pouvoir promet de faire le bonheur du pays, mais on n'est pas longtemps à s'apercevoir que ce que les révolutionnaires appellent le bonheur n'est autre chose que la satisfaction de leurs appétits. La France n'a été tranquille que sous la Restauration, la branche cadette et Napoléon III. Sous ces trois gouvernements elle s'est enrichie, les travaux publics, le commerce se sont développés ; mais, après quinze ans de calme, la révolution a renversé les Bourbons, dix-huit ans plus tard elle chassait Louis-Philippe, et le 4 septembre 1870 elle prenait la place de l'Empire.

A ce jeu désastreux une nation se perd, et les révolutionnaires auront beau accuser le principe monarchique d'attirer sur le pays des désastres épouvantables, la cause vient d'eux Les Bourbons ne sont point rentrés, comme on se plaît à le dire, dans les fourgons de l'étranger, ce sont les révolutionnaires qui ont attiré en France les peuples coalisés. C'est à eux qu'on doit l'invasion qui a abouti au démembrement de la vieille France monarchique, et depuis le 4 septembre 1870 qu'ils sont au pouvoir, ils se font entre eux une guerre acharnée. Les plus avancés critiquent les modérés, mais ce qu'on devine facilement au fond de ces querelles de mots, c'est que les modérés tiennent toutes les places et que leurs adversaires ne seraient point fâchés d'émarger à leur tour.

Autrefois, au temps des corporations, s'il y avait des priviléges, on trouvait à côté des obligations. L'individu pauvre, faible, manquant de hardiesse, était aidé par la corporation à laquelle il appartenait. Aujourd'hui il vit seul, ne doit compter que sur lui. Dans les moments de crises où le travail fait défaut, où l'argent manque, il n'a d'autre ressource que la mendicité, le vol ou le suicide.

Aussi ne doit-on point s'étonner si ceux qui possèdent ont pour adversaires ceux qui n'ont rien. Le nombre des amateurs du bien d'autrui est grand on l'a vu par la *Commune*, on le voit par l'*Internationale*, mais ce qu'il y a de surprenant, c'est qu'il ne soit pas plus important encore.

Avocats sans causes, médecins sans clientèle, journalistes sans journaux, font de la révolution un moyen d'existence. Qu'une crise arrive, et le va-nu-pieds de la veille occupe une situation élevée. Toute une meute d'affamés se précipite à l'assaut du pouvoir, chacun veut des places, du galon et surtout de l'argent. Alors les satisfaits deviennent à leur tour conservateurs. Arrivés au pouvoir, ils crient que la révolution a accompli son œuvre et qu'il ne faut pas aller plus loin. Mais la révolution se détruit elle-même. Les hommes de 89 se sont égorgés, sous la Commune les révolutionnaires Clément Thomas et Chaudey ont été fusillés par leurs coreligionnaires politiques, qui les trouvaient trop réactionnaires.

Si les institutions du passé n'étaient point parfaites — ce qui est le cas de toute création humaine — elles rendaient des services. Avec elles l'homme n'était pas seul : ce que, dans un moment de crise, il réclamait comme un droit, il le sollicite aujourd'hui comme une aumône. Sa dignité a-t-elle gagné à ce changement, son indépendance est-elle plus complète ? Les faits sont là pour répondre. L'ancienne aristocratie, qui avait des privilèges, est remplacée par une aristocratie nouvelle, celle de l'argent, qui a des monopoles. C'est son droit. Elle peut se coaliser, s'emparer de tout en payant, sauf à se faire rembourser en détail par la masse de la nation, personne ne peut arrêter ses envahissements, son intérêt seul peut modérer ses appétits. Quand des riches ont donné pour les pauvres des sommes plus ou moins importantes, c'est une aumône qu'ils ont bien voulu faire, aucun article de loi ne les oblige à donner une parcelle quelconque de leur capital.

La liberté absolue a pour résultat le monopole dans l'industrie, l'extension de la misère et par conséquent permet à des ambitieux sans scrupules d'arriver au pouvoir en flattant les passions des masses populaires.

Tout gouvernement qui recherche l'appui de la révolution est tôt ou tard dévoré par elle. Pour détruire la Pologne, démembrer la Suède, combattre la Turquie, la Russie s'est alliée aux révolutionnaires ; aujourd'hui les sectes politiques pullulent dans l'empire des tzars ; malgré les déportations en masses, les supplices, les associations révolutionnaires prospèrent, se développent et détruiront, dans un temps plus ou moins éloigné, le gouvernement autocratique. La Russie est le plus jeune des Etats de l'Europe, c'est lui qui fournit le plus grand nombre de partisans aux ennemis de toute organisation sociale. Le fameux Bakounine, un des plus ac tifs agents de l'*Internationale*, est de nationalité russe.

C'est au nom de la liberté que la première République a couvert la France d'échafauds, c'est au nom de la liberté qu'a eu lieu l'insurrection de juin sous la deuxième République ; enfin, quand une troisième fois l'étiquette républicaine a reparu au fronton des édifices publics, la Commune s'est installée, a assassiné et incendié au nom de la liberté.

AUGUSTE LEPAGE.

N. B. On pourrait croire que, dans le chapitre intitulé : Un *Journal sous le second Empire*, je satisfais des rancunes personnelles, mais je suis bien en deçà de la vérité, les *Mémoires du maréchal Randon* viennent à l'appui de ce que j'avance. Dans le deuxième volume de ces mémoires, l'illustre auteur, parlant des faits de l'année 1866, c'est-à-dire de la campagne de Sadowa, relève les calomnies dont il fut l'objet, parce que, à cette époque, il était ministre de la guerre.

Le maréchal écrit : La presse, à son tour, dans les colonnes d'un journal destiné, il est vrai, à périr sous le poids des calomnies dont il s'était fait le propagateur, le *Courrier français*, reprit dans une série d'articles, les incidents de ma vie ministérielle et les livra aux plus injustes critiques.

Ces articles, dit le maréchal, dans une note, étaient signés du sieur Vermorel, à la solde du ministre de l'intérieur (1). »

(1) *Mémoires du maréchal Randon*, 2 vol. in-8, typographie Lahure, rue de Fleurus. Deuxième vol. pages 209, 210 et 211.

UN JOURNAL

SOUS LE SECOND EMPIRE

En 1866, l'Empire était encore dans toute sa force, le prestige militaire de la France existait toujours, Napoléon III était craint et respecté. Seuls, quelques députés envieux et irascibles faisaient à l'ordre de choses établi une opposition dont le pouvoir se riait et que les conservateurs croyaient impuissante. Tous les démocrates échevelés qu'a fait surgir le 4 Septembre montraient une prudence excessive, et rien dans leurs écrits n'annonçait la fermeté. MM. Louis Blanc et Esquiros habitaient l'Angleterre, envoyant le premier, au journal le *Temps*, des correspondances fort intéressantes ; le second, écrivant à la *Revue des Deux Mondes* des articles qu'aurait pu signer un réactionnaire. A Paris, M. Gambetta pérorait au café de Madrid ou à Procope ; les avocats du parti avancé ne risquaient un mot vif que devant un tribunal où leur robe les protégeait. Les journalistes du *Siècle* faisaient une petite opposition bien anodine ; leur chef, M. Havin, était reçu aux Tuileries, il avait des amis dans les ministères et à l'Hôtel-de-Ville. Il combattait le clergé, organisait une souscription pour élever un monument à Voltaire, défendait la liberté du commerce lorsqu'un préfet refusait une autorisation d'ouvrir un cabaret ; mais il n'allait pas plus loin. La science théologique de M. Louis Jourdan suffisait aux habitués des crèmeries et des marchands de vin. Entre deux *cinquièmes*, on détruisait la religion, on écrasait Mgr Dupanloup, et si l'on arrivait jusqu'au litre, le clergé tout entier disparaissait, et la France, régénérée par des rétameurs en gaieté, allait devenir la nation la plus libre, la plus heureuse du monde, pour peu que l'ouvrier occupât la place qui lui était due, c'est-à-dire la première.

L'Empire autoritaire s'était lui-même chargé de la fabrication de l'arme qui, manœuvrée par ses prudents adversaires, devait l'inquiéter, l'affaiblir, en le forçant à une lutte intérieure de tous les instants. Cette arme était le socialisme, il faut dire le mot. La société du *Prince-Impérial*, la *Caisse de retraite pour la vieillesse*, celle des *Invalides du travail* ne furent autre chose que des tentatives d'organisation sociale sous la haute direction du gouvernement. Dans un pays moins agité que la France, ayant le respect de l'autorité, ces institutions et quelques autres du même genre auraient pu avoir un grand succès.

L'opposition jeta l'inquiétude et la méfiance parmi les ouvriers et accusa l'Empire de se servir à tort et à travers des fonds qui lui étaient confiés. Ces affirmations débitées avec l'aplomb de la mauvaise foi produisirent leur effet. Dans notre pays sceptique, un individu, quel qu'il soit, peut raconter la chose la plus absurde ; s'il a de l'audace, il trouvera des partisans. Je n'ai pas la prétention de défendre l'Empire, mais s'il a eu des ministres incapables, ceux qui l'ont attaqué ont prouvé, lorsque le pouvoir a passé dans leurs mains, qu'ils étaient moins capables et moins honnêtes que ceux dont ils s'étaient faits les contempteurs acharnés.

I

Les quelques explications que je viens de donner seront utiles pour que le lecteur sache dans quelles conditions et comment le journal le *Courrier français* passa entre les mains de M. Vermorel. Cette feuille appartenait en 1866 aux frères Lebigre-Duquesne, qui en avaient fait un organe impérialiste. Dès le début, elle s'appelait *Revue de l'Empire* et était simplement littéraire. En devenant politique, la *Revue* changea son titre en celui de *Courrier français*. MM. Duquesne voulurent à plusieurs reprises, vendre leur journal, mais chaque fois le ministère refusa d'accepter le gérant qu'on lui présentait. MM. J.-J. Weiss et Edouard Hervé ayant voulu avoir un organe à eux, s'étaient vus éconduits. M. de Saint-Paul, alors directeur général au ministère de l'intérieur, craignait l'opposition de ces deux honorables écrivains, qui, de guerre lasse, rendirent leur parole à MM. Duquesne et se retirèrent. La courte campagne qu'ils firent au *Courrier* leur occasionna des démarches inutiles, et en fin de compte, la vente sur la voie publique fut retirée au journal.

Au mois de janvier 1866, M. Vermorel

était à la *Liberté*, que M. de Girardin venait d'acheter. Je le voyais de temps en temps. Depuis 1862 nous nous connaissions et je n'avais jamais remarqué en lui l'énergumène dont parlaient les impérialistes ; le traître, le vendu des *purs* du quartier des Ecoles. Car telle était déjà à cette époque sa réputation : mouchard aux yeux des démagogues, révolutionnaire aux yeux des conservateurs. Nos relations étaient de pure camaraderie. J'avais fondé, en 1860, un journal industriel avec M. d'Aunay : le *Moniteur du Bâtiment* ; nous nous séparâmes en 1862, et je créai une autre feuille de travaux publics, le *Bâtiment*. Un an et demi plus tard, ces deux journaux finirent par se fondre.

Comme leur titre l'indique, ces organes de publicité ne s'adressaient qu'à un public spécial : maçons, menuisiers, charpentiers, carriers, etc. C'est M. d'Aunay qui eut le premier l'idée de créer pour ces industriels, un journal qui ne s'occupât que d'eux.

Mais, pour attirer les abonnés, une prime était, sinon indispensable, du moins nécessaire; mon associé trouva une chose merveilleuse, il offrit un avocat. Les souscripteurs avaient le droit de venir consulter cet homme de loi sur les affaires concernant leur industrie, ils ne payaient pas la consultation; si, ce qui arrivait assez souvent, le litige était porté devant les tribunaux, notre prime plaidait et se faisait payer.

Malheureusement, les meilleures choses ont leur mauvais côté. Nos abonnés, au lieu de demander des avis sur les questions de maçonnerie ou de menuiserie, abusèrent de la gracieuseté du journal et consultèrent notre avocat à propos de tout. Maris trompés, pères volés par leur progéniture masculine, enfants spoliés, femmes abandonnées, sollicitèrent ses conseils. M. D.... était jeune et inflammable, il eut pour client le mari et la femme. Un jour, le premier arrivant à l'improviste chez l'avocat, trouva la clef sur la porte, entra sans frapper et, pénétrant dans le cabinet de l'avocat, s'assura *de visu* du fait dont il se doutait depuis longtemps. La légèreté de notre prime et surtout son *étourderie* nous forcèrent de chercher pour nos abonnés un attrait moins compromettant. Un volume de droit remplaça l'avocat.

Si je suis entré dans quelques détails sur le *Moniteur du Bâtiment*, c'est dans l'intention de donner au lecteur une idée légère de ce que sont, chacun dans sa sphère, de modestes organes industriels où beaucoup d'écrivains ont fait leurs premières armes.

Au *Bâtiment* ont écrit, outre M. d'Aunay et moi, M. H. de Lapommeraye, aujourd'hui critique théâtral influent, M. Edouard Drumont, chroniqueur à la *Liberté*, M. Louis Lacour, le savant bibliophile. Notre prime devint procureur impérial dans une colonie française.

Pendant que j'étais ainsi occupé à Paris, M. Vermorel, protégé par M. Jules Simon, qui le choyait, par M. Frédéric Morin, alors très-influent au *Progrès de Lyon*, fut recommandé à M. Chanoine et partit pour prendre la direction en chef du *Progrès*, qu'il fit suspendre. Revenu à Paris, il rentra à la *Presse* et ensuite à la *Liberté*, qu'il quitta, ne pouvant s'accorder avec M. Clément Duvernois. Il sut comme tout le monde que le ministre avait répondu par un refus à la demande de MM. Weiss et Hervé. Hardi, ne doutant de rien, il voulut reprendre la négociation pour son compte et avoir à lui le *Courrier français*. Mais, au ministère, il était mal noté, il fallait donc tourner la difficulté, ce qui, à cette époque, n'était pas chose facile.

Nous causâmes du *Courrier français*. M. Vermorel me proposa d'en être le gérant. Il était bien entendu que l'opposition que nous ferions ne serait pas radicale, que, laissant de côté la question purement politique, nous nous occuperions surtout de la question sociale. Le capital devait être fait par lui; du reste, me dit-il, l'argent est prêt.

Je fis une demande, j'allai au ministère; mes explications satisfirent M. de Saint-Paul, qui, après renseignements pris sur ma personnalité, m'envoya l'autorisation demandée. Je fis paraître mon premier article dans le numéro suivant et nous organisâmes notre rédaction. M. A. Planquette (1) qui était chargé du bulletin financier se retira, M. Gustave Huriot resta.

Dans un numéro suivant, l'article-programme était signé de nos deux noms; on peut le retrouver facilement dans la collection du journal, on verra qu'il n'avait rien de révolutionnaire. A peine étions-nous installés que des légions d'individus accoururent porteurs d'articles destinés, disaient-ils, à renouveler la société. Tous les déclas-

---

(1) M. Planquette devint secrétaire de la rédaction du *Journal de Paris*, créé plus tard par MM. Weiss et Hervé, puis sous-préfet après le 4 septembre.

sés de la politique, de la littérature et de l'atelier arrivèrent, demandant des places, proposant des feuilletons. Un cordonnier, Pierre Denis, fut chargé de tenir le registre des abonnements et de faire des études sur la question sociale. Nous fûmes obligés de lui retirer son livre au bout de quelques jours. Au lieu d'inscrire les noms des abonnés, il se livrait à des élucubrations économiques. Ce fut M. Vermorel qui s'en aperçut en voulant vérifier si le nom d'un réclamant avait été inscrit. Jules Vallès, qui s'était fait un nom, devint rédacteur attitré du *Courrier*. Parmi les jeunes gens du quartier Latin qui nous apportèrent des articles, se trouvait M. Albert Fermé (1), qui, sous le titre : *Qu'est-ce que la Patrie?* reproduisit un extrait de Voltaire, assaisonné de quelques réflexions. Le surlendemain, je recevais

---

(1) Entré dans la magistrature sous le ministère Ollivier.

une assignation à comparaître devant M. de Gonet, juge d'instruction, et, quelques jours après, moi, en ma qualité de gérant, et M. Fermé, comme auteur de l'article, étions condamnés chacun à six mois de prison, sans compter l'amende. Me Allou s'était chargé de ma défense; Me Lepelletier, avocat impérial, soutenait l'accusation, et, en l'absence de M. Delesveaux, la sixième chambre était présidée par M. Vivien.

Ce procès valut au *Courrier français* et à ses rédacteurs une certaine célébrité. Je reçus une foule de lettres de condoléances, et des articles où l'Empire et ceux qui le servaient étaient insultés. On me priait d'insérer ces élucubrations, mais on ne voulait pas les signer, par peur de se compromettre. Du reste, c'était la façon d'agir des démocrates avancés sous l'Empire. Ils ne se montrèrent terribles que lorsqu'il n'y eut plus de dangers à courir. Ils tremblaient, rien qu'à la pensée d'être appelés devant un juge d'instruction. Nos procès se succédèrent sans interruption, et toutes les semaines je paraissais à la sixième chambre. M. Vermorel se grisa en voyant la popularité du journal et crut n'avoir plus de ménagements à garder avec personne. Il avait été reçu chez M. Jules Simon, il le vilipenda; M. Frédéric Morin lui avait été utile, il l'insulta; M. de Girardin, à qui il devait d'être entré à la *Presse* et à la *Liberté*, ne fut pas épargné; MM. Guéroult et Malespine, directeur et rédacteur de l'*Opinion nationale*, accusés de vénalité, intentèrent un procès en diffamation, et firent condamner M. Vermorel. Le *Courrier*, menacé d'un procès qui pouvait attirer à ses rédacteurs de la prison, faire à sa caisse une saignée trop forte, avait échappé à ce double danger. Son rédacteur en chef, à la suite d'une entrevue avec M. Rouher, avait sauvé la situation. Le tribunal, lorsque l'affaire fut appelée, la remit au *premier jour*, et on n'en parla plus.

Un jour je fus appelé chez le juge d'instruction : j'étais poursuivi à propos d'un article *excitant à la haine et au mépris du gouvernement*, c'était l'expression consacrée. Le magistrat me lut l'article, en fit ressortir le côté délictueux, me demanda ce que j'avais à dire. Je répondis que l'article était extrait d'un livre dont l'auteur n'avait jamais été inquiété. M. Vermorel, qui était près de moi, montra le volume, sur la couverture duquel le juge lut :

Œuvres de Napoléon III.

Naturellement, l'affaire fut arrêtée. Une autre fois, nous attendions le moment d'entrer chez le juge d'instruction, lorsqu'un gendarme entra dans la petite pièce qui servait d'antichambre au cabinet du magistrat. Ce représentant de l'ordre accompagnait deux individus qu'une petite chaîne de fer attachait l'un à l'autre. Il nous parla de ses fatigues, du temps qu'il faisait et de sa famille. Ce brave homme était heureux de n'être point seul avec les deux filous. Il nous demanda si nous attendions le juge d'instruction. M. Vermorel répondit affirmativement et dit que nous allions être interrogés comme ses compagnons. Le pauvre garçon craignit d'avoir dit une sottise, et nous pria de ne rien raconter au magistrat de désagréable sur son compte.

Cependant, le *Courrier français*, malgré le vacarme que faisaient ses rédacteurs, n'obtenait qu'un succès bruyant, mais peu solide. Du reste, M. Vermorel n'avait tenu aucune de ses promesses, et jamais nous n'avions vu la couleur de son argent. Je voulus partir, mais mon départ, c'était la mort du journal. Le ministre de l'intérieur n'aurait point voulu accepter mon remplaçant, quel qu'il fût. M. Marpon, qui figurait dans l'acte d'association comme actionnaire pour une somme de 5,000 francs, avait joué un rôle assez bizarre, car l'argent qu'il versait,

Vermorel le lui rendait immédiatement (1). Un autre actionnaire, M. Dagé, s'était exécuté ; mais plus tard, ce qu'il avait avancé lui fut rendu (2). Ancien rédacteur d'un journal officieux de province, payé par le ministère de l'intérieur, puis, remercié pour incapacité, M. Dagé, modifiant brusquement ses opinions, devint radical, mais timide comme un lièvre, craignant les procès, tremblant lorsqu'on parlait du juge d'instruction, il devenait féroce lorsque tout danger avait disparu. M. Vermorel avait pour lui le mépris le plus profond.

Ce qui fit mettre surtout le *Courrier français* à l'index par la presse *dite libérale* de cette époque, ce fut sa conduite pendant la guerre contre la Prusse, l'Italie et l'Autriche. Nous soutenions cette dernière puissance, tandis que les rédacteurs de l'*Opinion Nationale*, du *Siècle* et d'autres journaux, encen-

---

(1) C'est M. Marpon, qui m'a raconté ce fait.

(2) Je tiens le fait de M. Dagé.

saient M. de Bismarck. Au lieu de l'annexion hostile de Venise à l'Italie, nous demandâmes que les habitants de la Vénétie fussent consultés et qu'on leur accordât le droit de rétablir leur ancienne république, détruite violemment par la première République française. Quand le *Courrier du Dimanche* fut supprimé pour un article de M. Prévost-Paradol, ces mêmes journaux n'osèrent point insérer la protestation du célèbre écrivain, qui n'eut de publicité que dans le *Courrier français*. Les sauveurs des peuples ne nous pardonnèrent pas non plus nos articles en faveur de la Turquie contre les bandes qui ravageaient l'île de Crète. Du reste, j'avais toute liberté pour traiter les questions étrangères, M. Vermorel s'en occupait très-peu et ne me cherchait pas de querelle sur les idées que je défendais.

II

J'entrai à Sainte-Pélagie le 25 novembre 1866. Au mois d'avril 1867, c'est-à-dire peu de temps avant ma sortie, M. Vermorel vint me voir pour me parler d'un projet qu'il couvait depuis quelque temps. C'était de faire paraître tous les jours le *Courrier français*. Il avait dressé son plan, fait ses calculs, 100,000 francs suffisaient pour opérer cette transformation. Il ne s'agissait plus que de trouver cette somme. A M. Vermorel la chose semblait facile ; quant à moi, cela ne m'apparaissait pas sous un jour aussi favorable. Mais enfin, en principe, j'adoptai la proposition.

Il était bien entendu que le journal devenant quotidien, cesserait toute polémique violente et se retrancherait derrière les questions purement économiques, laissant de côté les discussions sur la République et l'Empire. Plusieurs projets furent mis en avant pour réaliser le capital social. M. Vermorel, parlant toujours de sa fortune, disait qu'il emprunterait à des capitalistes, à des conditions plus ou moins avantageuses. Je savais depuis longtemps à quoi m'en tenir sur la fortune de mon collaborateur, qui fit quelques démarches et s'aperçut bien vite que ses promesses de garantie n'étaient pas prises au sérieux. Il songea alors à mettre le journal en actions de 100 francs nominatives. J'approuvai cette idée, seulement je fis observer qu'il valait mieux mettre d'abord les actions à 500 francs, puis plus tard les réduire au cinquième si les souscripteurs n'arrivaient pas.

Des circulaires furent lancées, on reçut quelque argent et beaucoup de promesses; un conseil de surveillance, présidé par M. Beslay, et dont faisaient partie MM. G. Chaudey, avocat (1), Paul Bethmont, député, Lesage (2), Etex, fut formé.

En réalité, ce fut M. Georges Duchêne qui

---

(1) Fusillé par ses coreligionnaires politiques à Sainte-Pélagie, pendant le règne de la Commune.

(2) Conseiller général de la Seine en 1871.

trouva la plus grande partie du premier quart du capital social. Sur 25,000 francs, il en apporta 19,000 ; quelques actions libérées complétèrent la somme. M. Vermorel était pressé et voulait paraître malgré tout ; mais M. Chaudey n'entendait point de cette oreille et prétendait faire respecter la loi, pour éviter des désagréments ultérieurs. M. Duchêne, aussi confiant et aussi naïf que moi, se laissa prendre aux promesses et aux serments de M. Vermorel, emprunta à ses amis — le baron de Janzé entre autres — les assurant qu'ils seraient remboursés dans un temps fort court, mais la fameuse fortune ne venait jamais ; le notaire, disait M. Vermorel, trouvait toujours le moyen de retarder les envois d'argent : c'était le même système de mensonges qui se continuait. Enfin, lorsque les 25,000 francs furent en caisse, on s'occupa de compléter mon cautionnement de gérant d'un journal quotidien. M. Vermorel avait assuré que les fonds étaient à sa disposition, et qu'aussitôt ma mise en liberté nous ferions, aux ministères des finances et de l'intérieur, les démarches nécessaires.

Je quittai Sainte-Pélagie le 25 mai. Quelques jours après, mon cautionnement, qui était de 30,000 francs, fut porté à 50,000, et le premier numéro du *Courrier français* quotidien parut ; un mois après, il n'y avait plus d'argent et on n'avait payé presque personne. Voici ce qui était arrivé. J'ai dit que M. Chaudey voulait que les choses fussent faites légalement ; M. Vermorel lui fit voir en caisse 25,000 fr. et lui jura que mon cautionnement était déposé. Il voulut voir le récépissé provisoire du ministère, on ne l'avait pas ; mais M. Beslay assura que de mon côté tout était en règle. Cette affirmation leva tous les scrupules. Le lendemain, M. Beslay laissait prendre 20,000 francs dans la caisse, et on porta cette somme au ministère des finances. Je croyais que cet argent venait de Vermorel. Duchêne partageait ma confiance, et nous fûmes agréablement étonnés de voir enfin le rédacteur en chef du *Courrier français* tenir une fois ses promesses ; mais notre surprise fut grande aussi quand nous apprîmes de quel expédient on s'était servi. Cela promettait pour l'avenir.

La conduite du président du conseil d'administration du *Courrier français* s'expliquait par un passé que nous connûmes plus tard. M. Beslay, sous le règne de Louis-Philippe, avait été décoré comme industriel ; après 1848, il avait sollicité les suffrages des électeurs d'un département de la Bretagne, et se portait comme candidat catholique (1). Le 31 janvier 1851, il fut déclaré en faillite, et au mois d'avril suivant, il obtint son concordat. Ses créanciers perdi-

(1) Sa profession de foi se trouve dans les *Murailles révolutionnaires* de 1848, publiées par Alfred Delvau.

rent 80,0/0. Ensuite il chercha à se lier avec Proudhon, écrivant, discourant, remplissant le rôle de la mouche du coche. Sa redingote boutonnée jusqu'au menton, un chapeau de soie, bas de forme et à larges ailes, une barbe blanche, lui donnaient un aspect vénérable. Vermorel, qui le connaissait, l'avait choisi à dessein. L'administrateur, M. Louis Mâcon, était parfaitement incapable de remplir ses fonctions. Une fois installé, sa principale occupation consista à accabler les directeurs de théâtres de demandes de places. M. Tolain eût été excellent comme administrateur ; mais Vermorel ne voulut point lui confier ce poste.

Quelques mots sur ce fondateur de l'*Internationale* seront ici à leur place. M. Tolain, sous l'empire, inspirait des craintes assez légitimes aux gouvernements qui redoutaient une influence sur les masses ouvrières. C'est un homme d'une honnêteté incontestable, ambitieux , mais reculant devant l'emploi des moyens violents. D'un caractère timide, il ne se croit hardi en public qu'après de grands efforts de volonté. Il ne développait bien ses idées qu'en petit comité, tout cérémonial le gênait. Mais dans les clubs qui s'ouvrirent vers la fin de l'Empire il dépassa en violence les Budaillé qui parlaient sans cesse de ce qu'ils appelaient le peuple, de ses droits et nullement de ses devoirs ; seulement son langage était plus distingué, ses mots plus sonores et moins grossiers. Sa tenue ne brillait pas par l'élégance, mais un geste quelquefois hautain, imposait à son public qui se montrait flatté de voir cet orateur aux mains blanches se dire ouvrier. M. Tolain sut toujours faire vibrer la corde de la vanité chez ses auditeurs, jamais sous ses doigts habiles elle ne se brisa. De 1866 à 1868 il fut un des rédacteurs du *Courrier français*, aujourd'hui(1) il est sénateur

(1) En 1877.

après avoir été député. Mais, aux yeux de beaucoup de ses électeurs, il passe pour un réactionnaire. En 1867 on avait fait courir le bruit, absolument faux, qu'il fréquentait le Palais-Royal. Ce mensonge mis en circulation par des orateurs radicaux que gênait l'influence de M. Tolain, n'obtint aucune créance.

M. Girard de Rialle (1) fut également un des collaborateurs du *Courrier français* quotidien. Jeune, ambitieux, talent modeste et convictions politiques nulles, M. Girard attendait l'occasion, elle se présenta après le 4 Septembre. Il s'aperçut brusquement qu'il était républicain, que les nombreuses décorations qu'il avait humblement demandées à différents souverains étrangers ne lui seraient plus d'aucune utilité, et les retira de sa boutonnière, les mit dans sa poche et cria : *Vive la République !* Il fut récompensé

---

(1) Préfet sous le gouvernement de M. Thiers.

de son dévouement par une préfecture qu'on fut obligé de lui retirer plutôt pour cause d'incapacité, que pour motif politique.

III

Le journal devenu quotidien se montra très-agressif et son tirage dépassa bientôt celui d'organes plus anciens. Un article de M. Vermorel intitulé *Les Duruy et les Cassagnac* eut pour résultat des insultes échangées, un procès et la suppression de la vente sur la voie publique. M. Louis de Cassagnac attendit M. Vermorel, rue d'Aboukir et lui cracha à la figure (1). M. Vermorel refusa toujours de se battre, on l'accusa de lâcheté, cette accusation était exagérée, car ce n'était point un poltron. Quant au procès, nous fûmes condamnés à 300 fr. d'amende, ce qui était peu de chose. Le jour où la sixième

(1) M. Vermorel suivait le trottoir, ayant à côté de lui M. Town, l'imprimeur du *Courrier*; moi et M. Clément Laurier venions immédiatement après.

chambre prononça son jugement, le Palais de Justice fut envahi par la démocratie, et lorsque nous descendîmes dans la cour, le public nous fit une ovation enthousiaste. Un peu après cet événement, M. Vermorel eut un duel avec M. A. de la Forge (1) et le blessa légèrement. Un second article sur les toilettes des femmes sous le second empire attira de nouveau l'attention sur le journal. Mme de Metternich était cette fois prise à partie. Un procès s'ensuivit, je fus condamné à un mois de prison et M. Vermorel à deux mois. Heureusement que j'avais lu l'article en épreuves et que, sur mes observations pressantes, son auteur en avait supprimé les passages les plus dangereux. Sans ces suppressions — dont M. Vermorel me remercia plus tard — nous aurions été condamnés à une détention beaucoup plus longue.

---

(1) M. de la Forge a été préfet de l'Aisne après le 4 septembre.

A propos d'un article sur les marchands de vin, M. Duchêne s'entendit condamner à un mois de prison. Un des négociants qui l'avaient poursuivi lui dit en sortant de la septième chambre qu'il lui enverrait du vin à Sainte-Pélagie.

— Somme toute, vous avez eu raison, lui répéta-t-il en le quittant, mais toutes les vérités ne sont pas agréables à entendre.

Un autre rédacteur, M. Léon Mirès, nous attira un procès parce qu'il avait insulté quelques chefs de l'armée d'expédition du Mexique. Le tribunal le condamna à la prison, le ministre de la guerre le fit incarcérer dans une prison militaire, au grand scandale des démocrates.

Cette succession de procès avait épuisé les ressources du journal et au commencement de 1868 il était menacé de disparaître, lorsque M. Vermorel trouva un bailleur de fonds : M. Pellaut, avocat, propriétaire à Clamecy. Le traité fut signé entre les deux contractants sans qu'on eût prévenu le conseil d'administration et le gérant. Ce fut la veille de son entrée à Sainte-Pélagie, que M. Vermorel nous présenta le nouveau propriétaire du *Courrier français*, qui, en vertu de son traité, s'installa dans des bureaux à lui (1), et y transporta les livres. Une clause de ce marché disait que M. Pellaut devrait rendre le journal à M. Vermorel aussitôt que celui-ci lui aurait remboursé l'argent avancé. On me fit lire le traité. M. Pellaut était déjà en avance de 13,000 francs lorsque M. Vermorel, ayant obtenu du préfet de police l'autorisation de sortir pour un jour de Sainte-Pélagie, me fit appeler dans son cabinet, rue d'Aboukir, où se trouvait déjà M. Beslay. Il me dit qu'il fallait retirer le *Courrier* des mains de M. Pellaut.

— C'est votre affaire, répondis-je.

— C'est la vôtre, au contraire.

(1) Au numéro 18 de la rue Vivienne.

— Comment cela?

— Vous êtes le gérant; quittez la rue Vivienne, l'employé qui s'y trouve m'est dévoué et rapportera ici les souches des abonnements, les bandes...

— Et M. Pellaut?

— Il restera, si cela lui plaît, dans son bureau.

— Mais, vous lui devez de l'argent?

— Oui.

— Vous le remboursez?

— Pas du tout.

— Alors, c'est une escroquerie que vous me proposez là?

— Non. Demandez à M. Beslay. M. Pellaut plaidera contre moi, je ferai traîner le procès, je gagnerai du temps.

— Et votre traité?

— C'est une plaisanterie.

— Si vous pouvez, sans mon intermédiaire, reprendre le journal, c'est votre affaire; mais ne comptez sur mon concours qu'au cas où vous me montrerez un reçu définitif de M. Pellaut; alors, s'il vous suscite des difficultés, je serai là.

Je quittai MM. Vermorel et Beslay. La conversation que nous venions d'avoir me prouvait que le président du conseil de surveillance était d'accord avec le rédacteur en chef pour exploiter M. Pellaut.

A partir de ce jour, je dirigeai le journal, malgré les réclamations de M. Jacquot, installé par M. Vermorel pour le remplacer durant son séjour à Sainte-Pélagie. M. Pellaut, en apprenant la proposition qui m'avait été faite, me laissa toute la responsabilité. La rédaction, dévouée à M. Vermorel, m'abandonna et pendant trois ou quatre jours, nous dûmes, Duchêne et moi, nous livrer à un travail acharné pour remplir le journal. M. Dagé nous revint, il avait de la copie à placer. Ce qu'il y eut de bizarre, c'est que la plupart des rédacteurs qui refusaient leur copie à M. Pellaut voulaient l'obliger à les payer. Un des plus acharnés était M. Robert Halt qui, en sa qualité de républicain avancé, trouvait que l'argent, d'où qu'il vienne, est bon à empocher.

Je ne sus que beaucoup plus tard le rôle qu'avait joué le nouveau propriétaire du *Courrier*, dans cette affaire, qui devait aboutir à la disparition du journal. M. Vermorel était soutenu par MM. Rouher, de La Valette et Pinart, et un jour à une entrevue qu'il eut avec ce dernier ministre, il lui dit que le gouvernement avait tort de le poursuivre, puisqu'il combattait avec tant d'âpreté les députés qui voulaient renverser l'Empire. M. de Saint-Paul ne fut jamais séduit par ce raisonnement spécieux et chercha à faire disparaître le journal. Ne voulant point employer les moyens violents, il mit en avant M. Pellaut et le traité de cession fut signé. Seul de toute la rédaction, M. Vermorel connaissait les relations de son successeur avec le ministère, mais il voulait jouer au plus habile, se servir de l'argent du gouvernement pour remettre sur pied le *Courrier*, et ensuite le reprendre. L'habileté de M. Pellaut déjoua cette ruse.

M. Vermorel ne me pardonna pas ma résistance et vint rue Vivienne, accompagné de MM. Siébecker et Jacquot, me sommer encore une fois de retourner rue d'Aboukir. Je lui fis la même réponse, d'avoir à rembourser M. Pellaut.

— Mais mes affaires ne vous regardent pas.

— Alors, pourquoi voulez-vous me forcer à m'en mêler ?

Cette situation tendue ne pouvait durer. Depuis longtemps, j'étais fatigué de tra vailler, d'aller chez le juge d'instruction, en prison, de fournir de l'argent, de n'être point payé, tout cela pour un individu ha de ses coreligionnaires politiques, méprisé au ministère.

M. de Saint Paul, alors directeur géné

ral de l'intérieur m'avait dit que M. Vermorel se rendait tous les jours chez le ministre, M. de La Valette, pour préparer le numéro du *Courrier*. D'un autre côté, pendant que Duchêne et moi étions à Sainte Pélagie, nous fûmes avertis d'une façon certaine que le journal avait reçu de l'argent de sociétés financières. Nous nous expliquâmes alors pourquoi les articlés financiers envoyés de la prison par Duchêne ne paraissaient dans le journal qu'avec de nombreuses supressions ou quelquefois n'étaient pas imprimé.

Ainsi le *Courrier français* qui comptait parmi ses rédacteurs l'italien Sapia imposé par Vermorel, avait pour président du conseil de surveillance un failli ; quant à son bulletin financier rédigé par M. Duchêne, il était, sans que son auteur s'en doutât, à vendre au premier venu, non pas en louangeant telle ou telle entreprise, mais en ne laissant pas pour les appréciations souvent désagréables de

M. Duchêne. On avait pour cela un prétexte tout trouvé, l'abondance de copie ou un paquet tombé en pâte et c'était fait. L'honnête Duchêne ne se doutait pas qu'un de ses articles imprimés rapportait quelques milliers de francs à la direction politique du journal.

Tant de complaisance pour le ministère, de tolérance, pour quelques-uns des rédacteurs, de souplesse envers les compagnies financières mêlées à de grandes phrases sur l'indépendance et la dignité des républicains ne pouvaient qu'inspirer à tout homme d'honneur le dégoût le plus profond.

Nous finîmes, M. Duchêne et moi, par apprendre se qui se passait. Nous voulions nous retirer quand fut conclu le traité Pellaut. On put croire pendant quelque temps que le journal allait enfin entrer dans une voie honnête, mais l'influence de M. Vermorel se faisait toujours sentir.

Aussi fûmes-nous enchantés lorsque le *Courrier français* fut mis en vente et adjugé à M. de Schryver, au prix de 31,000 fr. M. Vermorel conservait la direction politique. L'acquéreur voulut me faire rester en qualité de gérant, mais je refusai et envoyai ma démission au ministère de l'intérieur.

M. de Schryver s'aperçut bientôt qu'il avait été dupé, se sépara de M. Vermorel, qui le traita presque d'escroc, et, finalement, à bout de ressources, il dut abandonner sa coûteuse propriété qui, en peu de mois, lui dévora environ 80,000 fr. Quant à M. Pellaut, il avait perdu 20,000 francs ; ce n'était pas cher.

IV

A présent que j'ai raconté la vie administrative et politique du *Courrier* quotidien, je dirai quelques mots des rédacteurs dont les noms méritent, à des titres divers, d'être cités. M. Hector Malot fournit le premier feuilleton (1).

---

(1) *Le Roman d'un Enfant.*

La rédaction politique fut peu modifiée; M. Vermorel envahissait tout, était jaloux de tout le monde, surtout de Duchêne et d'Huriot. Ce dernier, fatigué de tant de tracasseries, donna sa démission. M. Siébecker, écrivain de talent, fut un excellent collaborateur. Un italien, Sapia, chassé de son pays pour outrage aux mœurs, vint au *Courrier*, se donnant comme proscrit politique et ami de Mazzini, — ce dernier fait était vrai, plusieurs lettres écrites par le célèbre agitateur à Sapia me furent communiquées, — et se livra à une débauche de républicanisme. Il prétendait qu'en France on ne savait pas conspirer. M. Dagé, dans un voyage qu'il fit à Florence, eut les renseignements les plus complets sur Sapia et nous les adressa. Je voulus le renvoyer, M. Vermorel s'y opposa. Plus tard, à un procès politique jugé à Bourges, il fut démontré que Sapia était le dernier des misérables. Un autre rédacteur, M. Sol, à peine installé au journal, fit des chroniques très-vives et se mit à morigéner à tort et à travers. Il attira sur lui l'attention de ceux qu'il critiquait. Un jour étant au café de Madrid en compagnie de M. Gambetta, le futur dictateur me demanda si je connaissais bien M. Sol. Ma réponse fut négative. — Informez-vous s'il a pour prénom Génulfe, me dit-il, et si oui, allez au ministère de la marine consulter son dossier et mettez-le à la porte immédiatement.

Je racontai le fait à Vermorel qui me dit : « Je connais l'histoire. Ce n'est qu'un péché de jeunesse, et Gambetta se mêle de ce qui ne le regarde pas. »

M. Sol continua ses attaques jusqu'au jour où M. d'Aunay du *Figaro*, mis sur la piste par les bruits qui couraient, se rendit au ministère de la marine et publia le fameux dossier. Le protégé de M. Vermorel dut quitter le *Courrier français*, et, le surlendemain, rencontrant M. de Villemessant, il le frappa. Poursuivi pour ce fait, il fut condamné sévèrement, et subit sa peine à Sainte-Pélagie. Suivant le siége de Paris, M. Sol publia quelques journaux républicains, l'*Avant-Garde* entre autres.

Un autre rédacteur, tombé on ne sait d'où, M. Jacquot, établit son domicile dans le bureau de la rédaction. Il couchait sur la table, et, pour couverture, accumulait sur lui des montagnes de journaux. Notre garçon de bureau, qui n'avait point été prévenu de ce fait, faillit, un matin, se trouver mal en rencontrant un homme endormi sous les feuilles qu'il allait plier. M. Jacquot connaissait l'allemand et rendait des services, mais ses pantalons faisaient le désespoir de ses collaborateurs. C'est à peine si le bas de ses jambes atteignait l'extrémité de ses chaussettes, le fond descendait quelquefois jusqu'aux genoux, ce qui gênait son propriétaire, qui, gros et assez grand, ne pouvait faire que des enjambées d'enfant. Mais, au moins, s'il manquait d'élégance, il ne compromettait pas le journal.

Très-instruit, connaissant parfaitement la langue allemande, M. Jacquot a été correspondant des *Débats* à Berlin et a su se créer une position très-honorable dans le journalisme.

Un ancien officier de l'armée française, Cluzeret, qui se disait général américain, donna au *Courrier français* des articles sur la question militaire. Nous sûmes bientôt que cet individu n'était qu'un fieffé coquin. Il avait été chassé honteusement de son régiment pour cause d'indélicatesse; ceci se passait en Algérie. Ensuite, installé en qualité de directeur dans une exploitation agricole, il en avait vendu les produits et encaissé l'argent à son profit. Un comptable de cette force ne pouvait convenir au propriétaire de la ferme qui l'envoya se faire pendre ailleurs. La guerre de la sécession éclata en Amérique, Cluseret alla proposer ses services au gouvernement de Washington. Il reçut un brevet de général sous la condition qu'il réunirait un certain nombre de volontaires, à la tête desquels il marcherait contre les confédérés. N'ayant jamais rempli la clause imposée par le ministère de la guerre des Etats-Unis, il perdit tout droit au titre de général; mis il le garda quand même : c'était un moyen de faire des dupes. M. Vermorel ne voulut pas se séparer de cet étrange collaborateur, et, plus tard, s'étant brouillé avec lui, les deux Gaspards se livrèrent à une véritable orgie d'invectives. Ils se retrouvèrent en 1871 tous faisant partie de la Commune. M. Rampont (1) avait rédigé le *Bulletin Agricole*, mais il s'était vu dans la nécessité de donner sa démission.

Pour M. Vermorel, il fallait, autant que

(1) Directeur général des postes après le 4 Septembre.

possible, avoir un passé compromettant ou être dans une misère absolue. De cette façon il tenait ses collaborateurs sous le joug. J'ai parlé ailleurs de ses discussions et de son procès avec M. Malespine, lorsque ce dernier créa la *Presse libre*, qui devint ensuite la *Réforme*, les deux ennemis se réconcilièrent, se brouillèrent de nouveau, et se jetèrent à la face les injures les plus grossières. Ils se disaient leurs vérités. M. Ganesco avait été également malmené par le rédacteur en chef du *Courrier français*, qui, plus tard, devint l'ami de ce Valaque et son collaborateur au *Parlement*. Mais alors il ne signait pas.

M. Victor Tissot, le brillant auteur du *Voyage au pays des Milliards*, a été aussi un des collaborateurs du *Courrier français*. Il y a écrit peu d'articles, mais il en a signé une grande quantité. Sa plus grande occupation consistait à écrire sur des bandes les noms d'abonnés. Il a bien fait son chemin depuis cette époque. Rédacteur en chef de la *Gazette de Lausanne*, il était en même temps le correspondant du *Constitutionnel* à Paris, et du *Salut public* de Lyon. De Lausanne, M. Tissot envoya aussi quelques articles à la *Revue de France* et au *Correspondant*, puis il quitta la Suisse et vint s'installer à Paris. Il visita l'Allemagne et envoya de cette contrée le récit de ses impressions à la *Revue de France*, au *Constitutionnel*, au *Monde*. Ce sont ces articles arrangés, réunis en volumes, qui ont obtenu l'éclatant et légitime succès que l'on sait.

M. Eugène Véron rédigeait au *Courrier* le feuilleton des théâtres. Sa tenue était des plus correctes, habit noir et cravate blanche. M. Véron était un homme de talent, seulement il ressemblait trop à un augure. Auteur d'une *Histoire de la Prusse*, rédacteur en chef du *Progrès de Lyon*, journal libre-penseur, qui a pour seule propriétaire une femme affectant tous les dehors de la dévotion, Mme Chanoine. En 1872, elle se fâcha avec ses principaux rédacteurs, MM. Véron et Ballue, qui la quittèrent pour fonder une autre feuille radicale, la *France républicaine*, que supprima le général Bourbaki. M. Véron est depuis rentré au *Progrès*.

M. A. Leuthécie traitait la question algérienne; après la vente du *Courrier français*, il entra à la *Gazette de France*. M. William Raymond, suisse connu, MM. Tissot et Mâcon, traduisaient les journaux allemands; M. Adrien Marchet s'occupait de la politique intérieure; après avoir passé dans quelques journaux de départements, il est allé à Besançon comme rédacteur en chef d'un organe bonapartiste. M. Pierre Boyer rédigeait la chronique; c'était un garçon d'esprit et d'avenir, qui après avoir quitté le *Courrier français*, fit paraître un volume fort intéressant : *Scènes de la vie de Carobris*, et depuis on n'entendit plus parler de lui. M. Emile Daireaux, un des premiers rédacteurs du *Courrier* a écrit à la *Revue des Deux Mondes* des articles économiques sur les républiques de la Plata. A la *Gironde* de Bordeaux, il rédige la correspondance de Buenos-Ayres et de Montevideo. M. Louis Jolly, plus tard un des principaux écrivains du parti orléaniste a collaboré aussi au *Courrier Français*. Je citerai encore pour mémoire, M. Charles Viemaître et M. Lucien Dubois. Ce dernier, qui occupa un emploi aux Halles, après le quatre septembre, publia un travail assez intéressant sur l'alimentation pendant le siége de Paris.

M. Vermorel se réconcilia avec l'éditeur Fayard, qu'il accusait de l'avoir volé. Ce qui explique cette mobilité, que j'ai signalée dans le caractère de Vermorel, c'est son manque absolu de scrupules dans les moyens à employer pour avoir de l'argent. Tous ceux qui l'ont aidé, il les a insultés ou abandonnés. M. Jules Simon, M. Frédéric Morin sont dans ce cas. Il s'est associé à M. André

Folliet pour l'exploitation de la *Revue pour tous* et lui en a laissé toutes les charges matérielles ; il a fait perdre tous les actionnaires du *Courrier français*, M. Pellaut, M. de Schryver, M. Malespine. Il ne m'a pas payé mes appointements de gérant du *Courrier*, et sans me prévenir m'a fait inscrire sur la liste des actionnaires pour deux mille francs, quand déjà, à force d'emprunts, il m'avait pris tout ce que je possédais, me promettant de me rembourser, chose qu'il s'est gardé religieusement de faire.

Malgré ses défauts, M. Vermorel valait beaucoup mieux que ceux dont il défendait les opinions. Dans sa brochure intitulée les *Vampires*, il a justement flétri les députés opposants de l'Empire : Jules Favre, Jules Simon, Eugène Pelletan et leurs amis. Nous avons eu les preuves douloureuses de leur incapacité. Son caractère emporté n'admettait pas les atermoiements, c'est ce qui explique tant d'actes blâmables, tant de relations compromettantes au point de vue politique.

Il a fait partie de la Commune, malgré le mépris qu'il éprouvait pour Rigault et sa bande, et si l'on peut lui reprocher des inconséquences graves, il a montré au moins aux républicains qui l'appelaient mouchard, comment on meurt. Mais cet exemple sera perdu pour eux.

Le financier Mottu, condamné plus tard à plusieurs années de prison pour escroquerie, était l'ami intime de M. Beslay. Naturellement, sa qualité d'homme peu scrupuleux, lui valut l'honneur d'être le banquier du *Courrier français*. Dès cette époque, je parle de 1867, M. Mottu avait déjà une réputation détestable parmi les hommes de son parti. Cela suffit pour que M. Vermorel en fit un de ses amis.

Pendant le temps que M. Pellaut eut en gage le journal, M. Vermorel fit, je l'ai dit ce qu'il put pour le lui reprendre et ne point le payer. Il cherchait partout des ennemis à son successeur momentané, lui suscitait des ennuis quand il eut été, non pas si facile, mais si naturel de le rembourser. Mais M. Vermorel avait horreur des remboursements et avait fini par faire partager cette idée à M. Macon.

Le rédacteur en chef, en disponibilité du *Courrier* écrivit à M. de Girardin, alors directeur de la *Liberté* une lettre qu'on n'osa point insérer ; cependant on en parla et à ce propos M. Georges Duchêne rédigea la note suivante :

Sous ce titre : *Une lettre de M. Vermorel*, la *Liberté* du 31 mars (1) contient une révélation étrange ; il s'agit d'une demande d'insertion que M. de Girardin s'excuse de ne pouvoir accueillir.

« La lettre de M. Vermorel, dit-il, abonde en révélations d'une nature si évidente que

(1) 1868.

l'insertion n'en serait pas possible sans exposer la *Liberté* à des démentis, à des reproches, à des communiqués, et peut-être même à des procès dont il lui est interdit d'affronter le risque pour d'autres devoirs plus impérieux.

« *Certainement le ministère de l'intérieur nierait qu'afin de s'assurer le concours du* Courrier français, *dans les élections générales de Paris, il soit allé jusqu'à faire à M. Vermorel les offres relatées dans la lettre de ce dernier.*

« A cette dénégation je ne pourrais opposer qu'une affirmation qui ne serait pas la mienne.

E. de GIRARDIN.

Il ressort de ces lignes, remarque M. Duchêne, que M. Vermorel affirme avoir été en relations, en pourparlers électoraux avec le ministre de l'intérieur ; que des offres ont été débattues, que l'éviction de M. Vermorel du *Courrier français* ne lui permet plus de continuer cette négociation.

Il importerait fort de connaître les dates. Serait-ce à défaut de la protection et du concours de M. Vermorel que M. Pinard aurait songé à solliciter pour les élections l'alliance des catholiques ? »

Le peu scrupuleux et peu habile ministre n'obtint rien naturellement des catholiques et dut se rejeter du côté des radicaux.

J'avais publié un ouvrage, les *Discours du Trône*, depuis 1814 jusqu'à nos jours. Le volume coûtait trois francs, on le donnait pour deux francs aux abonnés du *Courrier*. Mais M. Beslay qui dépouillait la correspondance gardait pour lui les trente sous de timbres renfermés dans les lettres de départements et n'envoyait pas le livre. Je reçus à ce sujet plusieurs réclamations, je cite une lettre qui me fut adressée à ce sujet :

« J'ai envoyé à M. L. Macon, 9, rue d'Aboukir, deux francs en timbres poste, en février, pour que l'on m'envoie votre ouvrage :

Les Discours du Trône depuis 1814 jusqu'à nos jours.

Pourquoi ne l'ai-je pas reçu ?

Je me suis adressé à M. G. Duchêne, je n'ai pas reçu de réponse.

Je m'étonne de ce fait.

Mes salutations,

Baron Corbineau.

Cette lettre porte la date du 31 mars 1868. Elle n'est pas la seule de ce genre que j'ai reçue. Je n'ai pu, ainsi que M. Duchêne, que communiquer ces réclamations à l'administrateur, celui-ci ne s'en était pas occupé.

J'ai dit plus haut que, malgré les instances de M. de Schryver, j'avais refusé de rester gérant du *Courrier français*, j'avais en conséquence prévenu le ministère de l'intérieur de ma retraite. Mon départ avait naturellement pour conséquence le retrait de mon cautionnement. Cette somme m'avait été prêtée par M. le comte de la Corbière qui voulut rentrer dans ses fonds. Malgré mes démarches et celles de M. de la Corbière on ne pouvait arriver à une solution. Alors comme aujourd'hui, c'était la chose la plus simple de retirer le cautionnement d'un journal lorsqu'il n'y avait ni amendes ni oppositions, j'étais dans ce cas.

Mais il fallait compter avec M. Vermorel qui manœuvrait au ministère pour empêcher ou au moins retarder le plus possible le remboursement de ces 20,000 fr. et de les faire servir à son usage personnel, car il était resté, avec M. de Schryver. M. de la Corbière protesta, menaça et finit par découvrir la vérité. Voici la lettre qu'il m'écrivit à ce sujet :

« Votre demande, monsieur, n'a point été accueillie, l'autre jour, au ministère de l'intérieur. Ces despotes avaient simplement l'intention que le cautionnement servit aux

Vermorel, Schryver et Cie. Je me suis regimbé fortement et suis retourné tout à l'heure dans les bureaux.

« Je vous prie (ceci est convenu avec M. Langlé (1), qui a fini par entendre raison) de passer demain à l'Intérieur pour ajouter à votre demande le mot démission, bureau de M. Bouillet, la *Jambe de Bois*.

« Pour ne point vous faire revenir dans ce quartier vous voudrez bien dire à M. Bouillet que je retirerai votre demande. S'il veut un écrit vous me ferez quelques lignes à cet effet. Je compte sur votre exactitude et vous prie de recevoir, monsieur, etc. »

Nous arrivâmes à retirer cet argent, mais, grâce à M. Vermorel le *Courrier français* parut sans cautionnement et cette situation illégale dura jusqu'au moment

---

(1) Chef de la division de la presse au ministère de l'intérieur. Préfet de la Meuse sous le ministère Olivier, mort en 1870.

où le nouveau propriétaire du *Courrier* et son rédacteur en chef se fâchèrent. Alors seulement le ministère daigna s'apercevoir que le journal n'avait point de cautionnement et intenta un procès au gérant, qui fut condamné.

Le *Courrier français* végéta péniblement et s'éteignit au milieu de l'indifférence générale après deux années d'une existence bruyante et agitée.

SIX MOIS A SAINTE-PÉLAGIE

I

En 1866, condamné à six mois de prison comme gérant du *Courrier français*, je dus me rendre à Sainte-Pélagie, un soir de novembre, établir mon domicile dans la cellule que le gouvernement impérial mettait à ma disposition, et prendre ma part des vivres qu'avec une parcimonie remarquable, il répartissait entre les détenus.

Arrivé à la fameuse prison, je fus installé dans le pavillon de l'Est, dit *des Princes* par euphémisme. Là, je devais rencontrer beaucoup de ceux qui ont été au pouvoir pendant la Commune, partager leurs ennuis, vivre tous les jours avec eux. Je fus par conséquent à même de les apprécier. Il ne fallait pas beaucoup de perspicacité pour deviner ce que feraient ces hommes s'ils arrivaient au pouvoir, et ils étaient certains d'y arriver.

En effet l'opposition d'alors les flattait tout en les méprisant. De leur côté s'ils paraissaient faire certaines concessions à MM. Garnier-Pagès et Cie, il se préparaient à croquer les marrons, à se mettre au premier rang, à prendre les premières places dès que s'écroulerait l'empire.

A peine installé j'allai voir M. Longuet, condamné à huit mois de détention pour un article qu'il avait publié dans un petit journal du quartier des Ecoles.

La taille élevée, un peu voûté, Longuet d'un caractère féminin, avait une passion prononcée pour la coquetterie. Un flacon d'odeur l'attirait, un pot de pommade lui faisait faire des folies. Il était toujours planté devant un miroir, arrangeant ses cheveux ou faisant le nœud de sa cravate.

Très-instruit, Longuet causait beauconp et aimait à montrer son savoir. Mais il était si naïvement vaniteux que personne ne se froissait d'une manie qui chez d'autres eût paru ridicule. Vraiment, dans ce grand garçon de ving-six ans, il n'y avait pas l'étoffe d'un révolutionnaire. Sa seule, sa vraie passion, était de faire la cuisine. Aussitôt qu'il apercevait un morceau de viande, il demandait à le faire cuire, à le préparer à sa façon. Faire une sauce et la réussir était une de ses ambitions. Il trouvait le moyen de rendre absolument immangeables, le bœuf coriace et les durs haricots de la prison. Aussi sa cellule ressemblait-elle à une immense cuisine. De tous les côtés on voyait appendues aux murs, des louches et des écumoires ; sur la cheminée s'étalaient les couteaux, les cuillers, les fourchettes.

Le foyer était préparé pour recevoir les casseroles de toutes dimensions. Il fallait voir ce détenu, les manches retroussées, surveiller d'un œil inquiet le mouvement de la broche, — car il y avait une broche, — où cuisait une volaille. Il couvrait l'animal d'une graisse brûlante, réglait le feu et s'emportait si on lui faisait la plus petite observation. Tolérant pour toute autre chose, Longuet devenait féroce si on riait de sa cuisine. Pour lui faire plaisir, j'ai trouvé délicieux des haricots panachés de petit cailloux, et tendres des poulets qui n'étaient que des poules ou des coqs morts de vieillesse dans un coin quelconque.

Aussi venait-il me demander mon avis sur tout, étant certain d'avance que je ne le contredirais pas. Tout en fabriquant ses sauces extravagantes, Longuet donnait des leçons d'anglais — gratuitement — à M. Maurice Joly, l'auteur des *Dialogues de Machiavel aux Enfers*. M. Joly, emporté, très-ambitieux, et croyant tous les moyens bons pour parvenir, se disputait sans cesse avec son professeur. Ils étaient souvent plusieurs jours sans se parler, ensuite il se raccommodaient.

M. Clément Duvernois, le futur ministre de l'empire, se trouvait à Sainte-Pélagie à cause d'un duel avec M. Sarcey. Ses témoins, MM. Arthur de Fonvielle et Alexandre de Girardin, occupaient également deux cellules du pavillon. Longuet traduisait pour M. Duvernois les discussions du Parlement des Etats-Unis à propos de la guerre du Mexique. Mais il n'allait pas vite, la cuisine l'attirait. M. Duvernois faisait souvent venir du dehors des viandes toutes cuites, toujours leur préparation déplaisait à l'enragé cuisinier. Il les prenait, les mettait dans une sauce nouvelle, et d'un morceau de veau excellent il trouvait le moyen, en quelques minutes, de faire quelque chose qui ressemblait à un aérolithe. On se brisait les dents, on se fatiguait la mâchoire, et M. Duvernois, espérant obtenir quelques lignes de traduction, avouait que jamais il n'avait mangé rien de pareil, — et c'était vrai.

Tout en donnant ses leçons à M. Joly, en faisant des traductions pour M. Duvernois, en préparant des sauces aussi nouvelles que mauvaises, Longuet courait dans les cellules prenait de la pommade à l'un, de l'odeur à un autre, et allait se poser à une fenêtre faire des signes aux femmes des voisins qui habitaient de l'autre côté de la rue du Puits-de-l'Hermite.

Un mari fut froissé de ces familiarités, qui n'offraient pourtant aucun danger, et se plaignit. On lui conseilla de déménager, il suivit cet avis. Longuet fut si content de ce succès, dû à son physique, que pendant deux jours il laissa en repos ses casseroles.

Dans le courant de décembre, il se fit un grand mouvement dans la prison. On préparait des cellules, de nouveaux détenus étant attendus. MM. de Fonvielle et de Girardin allaient partir, leurs logements, retenus d'avance, devaient être affectés à M. Tridon et à M. Fermé. Ce dernier était mon collaborateur au *Courrier français* ; quant au premier, je ne l'avais jamais vu et je n'étais point fâché de connaître cette personnalité remuante qui mettait en mouvement la police impériale et donnait tant de besogne à la sixième chambre.

II

Vers la fin de décembre arrivèrent à Ste-Pélagie tous les individus condamnés sous l'accusation de société secrète. Tridon était le chef de cette fournée de détenus. Sauf lui, on les installa dans le corps de bâtiment qui borde la première cour ; dite de l'Infirmerie. Pour eux on perça un mur, on construisit un escalier, et leurs fenêtres, qui prenaient jour sur une seconde cour, dite de la Dette, furent masquées par des hottes en bois blanc. Les cellules qu'ils occupaient bordaient à droite et à gauche un large couloir qui aboutissait à l'escalier. Dans deux ou trois chambres assez vastes, on avait placé deux lits ; les autres, plus petites n'étaient occupées que par un seul homme. Une chambre commune avait été réservée, un poële y avait été installé, et les détenus pouvaient eux-mêmes préparer leurs aliments. Tridon, souffrant, occupa d'abord une petite cellule à l'étage supérieur du pavillon des Princes, puis, avec le temps, il descendit et eut une chambre vaste, aérée, située deux étages plus bas.

Mes nouveaux compagnons offraient un assemblage de toutes les classes de la société. Tridon était fort riche, par son père et s'était fait recevoir avocat ; Dubois, Léonce Levraud étaient médecins, Landswski, courtier en librairie, Edmond Levraud, marchand de vins ; Largilière, menuisier ;

Humbert et Sornet, employés, Genton, sculpteur sur bois, un Egyptien qui faisait soi-disant ses études à Paris, apprenait le métier de révolutionnaire, sans doute pour communaliser son pays; d'autres étaient de pauvres ouvriers à l'esprit obtus, aux passions violentes qui savaient à peine lire et écrire, mais manifestaient des prétentions exorbitantes. Cette colonie ne marcha pas longtemps d'accord. Quelques-uns de ses membres, Clément entre autres, furent traités de mouchards et mis à l'index par leurs amis.

Ma cellule devint le lieu de réunion de tous les mécontents, et comme je tenais à ne point prendre de parti dans des querelles qui ne me regardaient pas, chacun se plaignait à moi de son voisin. Protot, qui avait échappé aux recherches de la police et se tenait caché, était l'objet de l'exécration générale ; on m'en racontait tant sur le compte de ce malheureux, que je tenais à le voir. On manquait de journaux à Sainte-Pélagie, ma position de gérant d'un organe politique me permettait de m'adresser à tous les directeurs des feuilles parisiennes pour demander un envoi gratuit. J'écrivis, et le lendemain MM. de Girardin, Louis Veuillot, Taconnet, de Villemessant, Tassin, de Riancey, m'adressaient : la *Liberté*, l'*Univers*, le *Monde*, le *Figaro*, la *Presse*, l'*Union*. Mme Olympe Audouard, qui publiait alors une petite revue hebdomadaire, me répondit :

« Mais comment donc, mon cher confrère, c'est avec le plus grand plaisir que je vous envoie ma revue, trop heureuse si elle peut vous distraire. S'ennuie-t-on beaucoup à Sainte-Pélagie ? Je désirerais bien le savoir, car un beau jour il pourrait prendre fantaisie à dame Justice de m'y envoyer.

Hélas ! on ne me fait pas le service du *Courrier français*, et pourtant, en mettant la galanterie dans la balance, ou aurait pu accepter l'échange. » (1)

Cette avalanche de journaux fut reçue comme une pluie après de longues semaines de sécheresse, on allait donc pouvoir lire et discuter ; mais les discussions tournaient souvent aux personnalités et dégénéraient en disputes violentes agrémentées de gros mots.

III

Parmi les visiteurs qui arrivaient à Sainte-Pélagie ; se trouvaient, outre les parents des détenus, des amis politiques qui entretenaient des relations régulières avec les frères du dehors. Les blanquistes même en prison, complotaient, préparaient leur gouvernement et désignaient leurs victimes, Raoul Rigault, Jules Miot, Emile Eudes,

(1) Naturellement, je fis envoyer immédiatement le journal à la directrice de la *Revue cosmopolite*.

Pierre Denis, le baron de Ponat étaient les intermédiaires actifs de la société dont la tête était enfermée mais dont les bras, pareils aux suçoirs d'un poulpe gigantesque s'étendaient dans tous les sens, s'arrêtaient au milieu d'un groupe de jeunes gens tous remplis d'idées soi-disant libérales et en extirpaient le bon sens, la foi religieuse, l'amour de la famille et entretenaient ces esprits faibles et honnêtes dans une négation absolue de croyance qui devenait du fanatisme.

Les libres-penseurs disent que la passion religieuse poussée à l'excès a abouti à des persécutions déplorables, mais ils sont bien forcés d'admettre que des principes ont survécu, des monuments se sont élevés, une littérature, des œuvres d'art ont été créées. S'il y a eu des fautes commises, résultat déplorable de la passion, nous possédons au moins les palais, les églises, les livres, les tableaux, les statues. Mais la manie de ces réformateurs nouveaux était de tout détruire, de faire disparaître ce qui est l'orgueil d'une ville, la gloire d'une nation.

Démolir les temples, faire des palais des maisons particulières, brûler les livres, en un mot annihiler tout ce qui aurait pu rappeler le passé aux yeux et à l'esprit, tel était le but avoué des blanquistes. Tridon et ses amis voulaient que l'histoire n'eût qu'eux pour point de départ, et lorsqu'ils s'animaient, ils regrettaient hautement de ne pouvoir tout massacrer de ce qui existait d'humain, de rester seuls sur la terre en compagnie de quelques femmes qui partageaient leurs passions, et d'établir une nouvelle société d'après les principes de la démocratie la plus pure.

Rigault voulait la préfecture de police (1), il avait dans Jules Miot un concurrent. Cet ancien pharmacien, grand, sec, à la barbe

(1) Son ambition a été satisfaite.

pointue, à la tête en pain de sucre, couverte d'un chapeau également pointu, s'imaginait être un policier sans pareil. Chaque fois qu'il entrait, il nous racontait que l'empire n'en avait pas pour deux mois, que le peuple viendrait nous délivrer et nous porterait en triomphe. Miot avait été représentant du peuple en 1848. Jamais un discours plus ou moins sensé n'était sorti de sa bouche, il se contentait d'interrompre à tort et à travers, sans savoir pourquoi. Comme les interrupteurs payaient une amende, il y eut des mois où Miot dut rapporter à la questure 100 et 150 francs. Son indemnité de 750 francs n'était pas suffisante pour payer ses excès de paroles. Les blanquistes le traitaient de vieille bête, tout en utilisant son activité.

Eudes causait peu, jaloux comme tous les impuissants, il détestait Tridon à cause de sa fortune, et quelques autres parce qu'ils écrivaient dans des journaux plus ou moins importants. Aussi sa joie déborda quand

M. Asseline qui venait de créer une petite feuille matérialiste — *la Libre Pensée* — l'établit en qualité de gérant. A partir de ce jour, Eudes ne quitta plus une grande serviette d'avocat, toujours bourrée de livres et de papiers. Eudes sans sa serviette n'était pas complet. En causant, debout il la tenait sur son bras, assis, elle s'étalait sur ses genoux, à table il la plaçait près de son assiette, et la contemplait amoureusement. Jamais sa face pâle, couverte d'une barbe noire clair-semée, ne se déridait, son regard ne se fixait pas nettement sur les yeux d'un autre, ses sourcils étaient toujours en mouvement, et deux larges plis partageaient son front en deux parties à peu près égales. Un type bizarre, c'était le baron de Ponat, ce démocrate enragé ne voulut jamais abandonner son titre. Ennemi acharné des prêtres, il savait par cœur la *Somme* de Saint-Thomas-d'Aquin, les écrits de Jansénius, les origines du *Christianisme* de Dupuy, l'ouvrage du curé Meisselier. Il nous accablait de citations. Une de ses manies consistait à suivre les convois civils et à faire un discours sur la fosse.

Le fils de Genton, enfant d'une quinzaine d'années, étant mort, le père obtint de la Préfecture l'autorisation de sortir librement pour procéder aux obsèques. Naturellement, les prêtres étaient mis de côté; le corps devait être transporté directement au cimetière. M. de Ponat débourra sa pipe, se découvrit et s'approcha de la fosse pour placer son discours; mais un autre libre-penseur l'avait prévenu, et lorsque le baron arriva auprès du trou béant, il se trouva en face d'un orateur, qui louangeait Genton, son fils, sa femme, parlait du matérialisme et des avantages que trouvaient les familles à faire enterrer leurs membres décédés sans les prières de l'Eglise. De Ponat, un instant ahuri en voyant la place prise, ordonna à son concurrent de partir.

L'autre s'entêta. Les deux bonzes de la libre-pensée se lancèrent à la tête toutes les grossièretés imaginables ; le père de Genton s'approcha et déclara que M. de Ponat avait seul le droit de parler sur la tombe de son fils.

L'intrus quitta la place, et le baron, joyeux et fier, monta sur la terre remuée et commença. Mais il n'avait pas prononcé cinquante paroles, qu'il vit le public qui l'entourait partir d'un immense éclat de rire, quoique la situation fût peu gaie, et entendit derrière lui un nouvel orateur. Il se retourna, et aperçut à l'autre extrémité de la fosse son concurrent qui achevait son discours. Les deux entêtés n'en démordirent point, et pendant plus d'une demi-heure, ils parlèrent contre l'intolérance du clergé, le despotisme des souverains, les superstitions des différents cultes. Ils criaient comme des sourds, faisaient des gestes d'épileptiques et se menaçaient du poing.

Lorsqu'ils eurent fini, la dispute recommença ; on eut toutes les peines du monde à les séparer. Un autre personnage étrange était Pierre Denis. Ancien cordonnier, il s'était mis journaliste et n'ayant pas de relations, il vivait un peu avec tout le monde. Au *Courrier français* nous le payions cent francs par mois. Outre ses articles, il faisait des vers, parlait en public, oubliait complètement la cordonnerie et se disait toujours ouvrier. Un jour, il vint nous voir ; il avait les jambes enveloppées dans de superbes bottes à l'écuyère, qui montaient jusqu'au haut des cuisses. Denis étonnait les passants, qui se retournaient pour voir ses bottes ; à Sainte-Pélagie, ce fut un cri général de surprise, mais le malheureux ne pouvait monter l'escalier ; les tiges étaient d'un cuir si épais qu'il ne pliait pas aux jarrets. L'effet n'en fut pas moins produit ; Denis était joyeux. De quatre heures à huit, nous causâmes des fameuses chaussures.

Le lendemain il plut à verse, l'eau coulait

sur la chaussée et montait sur les trottoirs. Nous étions plusieurs à considérer ce spectacle, lorsque nous vîmes, rue du Puits-de-l'Hermite, Pierre Denis tout ruisselant, et marchant avec peine. Il avait ses bottes, mais dans quel état! l'une n'existait plus qu'à l'état de ruine et traînait dans le ruisseau, l'autre était descendue du sommet de la cuisse au niveau de la cheville. C'était un tas étrange semblable à un gigantesque chapeau effondré que Denis traînait comme un boulet. Nous crûmes qu'il s'était battu. Lorsqu'il entra, nous comprîmes les causes de la destruction de la malheureuse chaussure. Ces bottes qui avaient fait l'admiration et excité la jalousie de tant d'individus étaient en carton épais recouvert d'un papier noir et luisant. Denis les avait fabriquées lui-même entre un sonnet et un article pour le *Courrier français*. Surpris par la pluie en venant déjeuner à la prison, le pauvre garçon, le désespoir dans l'âme, avait vu et senti s'écrouler ses bottes sous les atteintes de l'eau.

IV

Protot, accusé par ses amis d'être vendu à l'empire, se défendit dans une lettre que publia l'*Avenir national*. En attendant, il se tenait caché. Croyant, sans doute, qu'on l'avait oublié, il devint moins prudent, sortit de sa retraite et se donna la satisfaction d'une promenade en face du Palais-de-Justice. C'était se mettre dans la gueule du loup. En effet, des agents de M. Pietri le reconnurent, l'arrêtèrent, et il fut conduit à Sainte-Pélagie, où on le reçut comme un chien galeux. Ses anciens amis ne manquaient jamais une occasion de lancer à son adresse des épithètes grossières ; dans la cour, il se promenait seul, les mains derrière le dos, la tête penchée, paraissant réfléchir.

Comme je ne croyais rien des méfaits dont on l'accusait, je le reçus dans ma cellule. Il était peu causeur, supportait les injures très-philosophiquement et ne se plaignait jamais. Il ne recevait que fort peu de visites. Cependant la femme de l'ouvrier chez qui il avait trouvé un refuge venait le voir souvent. Elle n'était plus de la première jeunesse et Protot avait vingt-cinq ans à peine, mais dans une prison, on cause, on fait des suppositions, bientôt le bruit courut que l'austère et sombre Protot était au mieux avec la femme de son ami. D'abord je n'ajoutai aucune croyance à ces cancans d'individus oisifs et jaloux, mais je fus bien forcé de me rendre à l'évidence. Le mari, prévenu par une lettre anonyme, surveilla sa folâtre moitié, et un jour les deux coupables furent surpris dans un déshabillé tel, que le doute n'était plus permis. L'histoire s'ébruita, la préfecture de police s'émut, et les entrées féminines furent sérieusement contrôlées. Il fallut justifier qu'on était la mère, la sœur ou la femme légitime d'un détenu. Ces exigences de M. Pietri jetèrent la perturbation dans la colonie. Les tantes de contrebande, les sœurs d'occasion, les femmes de la main gauche furent rigoureusement consignées, et les gardiens refusèrent impitoyablement de leur ouvrir les portes de l'établissement. Les citoyens n'avaient pas compté sur ce résultat, et la haine qu'ils portaient à Protot ne diminua point.

Les distractions étaient peu variées; quand le temps le permettait, nous jouions aux barres dans la cour. Dans les cellules, Landowski nous faisait très-habilement des tours de cartes; les frères Levraud, qui étaient d'excellents violonistes, avaient apporté leurs instruments; leur père jouait du violoncelle, et le baron de Ponat de la contrebasse. Lorsqu'il introduisit sa machine enfermée dans une boite immense, les gardiens hésitaient; il fallut l'autorisation du greffe. Nous crûmes, en voyant le baron chargé de sa caisse, qu'il apportait un cercueil pour nous faire assister à une répétition générale d'un discours sur une tombe ; heureusement nous en fûmes quittes pour la peur, et M. de Ponat, après avoir enduit son archet de colophane, accordé sa contrebasse, en tira des sons formidables. Les soldats du poste, les gardiens, les directeurs et les employés furent ahuris en entendant les bruits harmonieux qui s'échappaient du pavillon des Princes, mais ils finirent par s'y habituer.

V

La veille du jour où Landowski devait sortir de prison, arriva de la préfecture de police un ordre d'expulsion à cause de sa qualité d'étranger. Cette décision de l'autorité le contraria vivement. Ne pouvant exercer qu'en France son métier de courtier en librairie, ayant sa clientèle à Paris, ignorant les langues étrangères; manquant de ressources pécuniaires, il était fort embarrassé. Ses amis me prièrent de vouloir bien faire une démarche auprès du préfet pour faire retirer l'ordre menaçant. J'écrivis immédiatement à M. Pietri afin d'être autorisé à sortir pendant quelques heures pour *affaire pressée*. Le commissionnaire revint avec une réponse favorable. Je pris une voiture et me fis conduire rue de Jérusalem, où je fus reçu par M. Mouton, chef du cabinet. Je lui expliquai le but de ma visite, je plaidai très-chaleureusement la cause de Landowski, j'obtins une prolongation de huit jours; de plus, si l'expulsé voulait promettre *verbalement*, — j'enlevai encore cette concession, — de ne pas s'occuper de politique, on lui rendrait l'autorisation de rester à Paris.

Je ne rentrai à Sainte-Pélagie qu'à huit heures du soir; on m'attendait avec impatience. Landowski fut enchanté du résultat de ma démarche, vit le préfet de police, promit de laisser de côté la politique, et je crois, tant que dura l'empire, se montra fidèle à sa parole. Sous la Commune, nommé chef de la

17e légion, il assistait, le 16 avril, au combat d'Asnières et faisait couper le pont de bateaux qui mettait en communication les deux rives de la Seine. Cet acte maladroit amena sa destitution ; grâce à Tridon, il ne passa pas en jugement, et on lui donna le poste de commissaire de la pêche fluviale.

Quand vint le tour de l'Egyptien de sortir de prison, il fut, comme Landowski, averti d'avoir à quitter le sol français, et on lui demanda de quel côté de la frontière il désirait être conduit. Je fis des démarches nouvelles, et au lieu de venir le prendre à Sainte-Pélagie pour l'emmener à la gare qu'il aurait lui-même désignée, on lui accorda huit jours, le temps nécessaire pour mettre ordre à ses affaires, et il partit tranquillement pour la Belgique en compagnie d'un agent en bourgeois qui ne le quitta qu'après avoir dépassé la frontière.

VI

Je quittai Sainte-Pélagie le 25 mai il y avait six mois jour pour jour que j'y étais entré. Il me prenait des envies terribles de courir, j'allongeais mes jambes, je levais mes yeux, et à la place des murs noirs, du plafond enfumé, des barreaux, de la porte massive de ma cellule, je voyais le ciel bleu, le soleil brillant, les arbres verts. J'aspirais voluptueusement le parfum des fleurs. Après une visite à ma famille qui m'attendait avec impatience, ne pouvant tenir en place, je courus les jardins publics, les boulevards. La fatigue calma ma fièvre. J'étais donc débarrassé des sauces de Longuet, des discours mortuaires et théologiques du baron Ponat, des théories politiques de Tridon, des idées policières de Rigault et de Miot. Mais cinq années plus tard je devais les retrouver, Rigault, à la police ; Longuet, directeur de l'*Officiel;* Miot et

Tridon, à la Commune; Landowski, commandant d'une légion; Eudes, général; Protot, ministre de la justice; Genton, juge d'instruction; Pierre Denis, rédacteur principal du journal de Blanqui; Humbert, rédacteur du *Père Duchêne;* Sornet, imprimeur de cette feuille; Edmond Levraud, chef de la première division à la préfecture de police. Tous ces démocrates égalitaires étaient couverts de galons, tous avaient des grades, chacun avait mis de côté les mots pompeux de liberté, d'égalité et de fraternité pour emprisonner, s'emparer des places, assassiner et incendier!

Leur rêve s'était réalisé, et je me rappelai la réplique de Rigault à l'avocat impérial Lepelletier, devant les juges de la sixième chambre :

« Nous ne demandons aucune concession au tribunal, parce que le jour où nous serons les maîtres, nous ne vous ferons pas de grâce. »

LE HUITIÈME SECTEUR

Lorsque Paris fut menacé par les Allemands, le gouvernement divisa la capitale en secteurs qui étaient commandés par des officiers généraux appartenant à la marine. Nous faisions partie du huitième secteur, dont l'état-major était installé dans une vaste maison de l'avenue d'Orléans. Le commandant était l'amiral Méquet, qui avait sous ses ordres MM. Francis Garnier et Eveillard, deux officiers de marine très-distingués. En compagnie de M. Joba, ancien chirurgien de la marine de l'Etat, nous allions voir quelquefois le commandant du fort d'Ivry, M. le capitaine de vaisseau aujourd'hui amiral Krantz.

Avant de parler du fameux bataillon dont je faisais partie, quelques détails biographiques sur ces braves et courageux marins me paraissent devoir intéresser. Ces hommes honnêtes, intrépides, disciplinés, formaient un contraste violent avec les ivrognes, les fripons, les indisciplinés, dont se composait la majeure partie de quelques bataillons.

Les environs de l'état-major offraient l'aspect le plus animé. Les bataillons défilaient sur l'avenue, le long des boulevarts militaires on voyait des groupes de gardes nationaux allant prendre leur faction ou rentrant au poste. Des sentinelles se promenaient l'arme au bras au sommet du rempart, attendant avec impatience l'heure d'être relevées. Les marchands de vin refusaient des clients, une foule immense s'entassait dans tous les établissements où l'on vendait des boissons, et, la nuit, tous ces soldats improvisés rentraient dans les baraquements. Les uns s'enveloppaient dans leurs couvertures et dormaient, les autres jouaient et buvaient.

A chaque instant dans la rue ou sur le rempart, on apercevait les officiers de marine, dont la tenue sévère n'avait aucun rapport avec les allures dégingandées de la grande majorité des officiers élus de la garde nationale.

I

L'amiral baron Eugène Méquet, est le fils d'un marin célèbre par le combat qu'il soutint devant l'île de Groix (Morbihan), avec trois frégates contre quatre frégates anglaises. L'amiral Méquet obligea l'escadre britannique à la retraite, après une lutte acharnée, et rentra ensuite dans le port de Lorient. Sa belle conduite lui valut la croix de commandeur de la Légion d'honneur et le titre de baron.

Son fils naquit en 1812; en 1828 il sortait du vaisseau-école. La marine, à cette époque était quelque peu délaissée, mais Navarin, d'abord, puis l'expédition d'Alger, lui rendirent son ancien prestige. Les affaires de Syrie et d'Egypte, la fameuse quadruple alliance, en 1840, amenèrent la formation de l'escadre de l'amiral Lalande et la création définitive de notre escadre d'évolution.

C'est à cette excellente école que M. Méquet fit ses premières armes. Nommé lieutenant de vaisseau en 1844, il eut la chance, bien rare à cette époque, de commander immédiatement des navires de guerre. Sur les côtes de l'Afrique occidentale, au Sénégal surtout, il commanda successivement la corvette l'*Aube*, et le brick l'*Alcyone*. L'hydrographie de cette partie du globe fut spécialement l'objet de son attention. Il releva avec soin les positions de l'immense estuaire du Gabon, et donna sur les tribus qui habitent ces rives des détails remplis d'intérêt.

Après cette longue station sur les côtes d'Afrique, M. Méquet revint en France, fut nommé chef de la station des mers du Nord et fit, avec le *Moustique*, une campagne de seize mois. Quand le gouvernement du président Louis Napoléon interna à Belle-Isle, en 1850, les insurgés de 1848, M. Méquet commanda le brick la *Vigie*, qui avait pour mission de surveiller les côtes de cette île. Ce fut à cette occasion qu'il renoua connaissance avec la famille Trochu, ayant été le camarade de l'ex-président du gouvernement de la défense nationale. Cette amitié, fondée sur des sentiments d'estime réciproque, ne s'est jamais altérée.

En 1854, nous voyons M. Méquet, capitaine de frégate, second du fameux *Henri IV*, si malheureusement naufragé sur les côtes de Crimée pendant l'ouragan du 19 octobre de cette année. Après la perte de ce magnifique vaisseau, le commandant Méquet fut nommé au commandement des batteries de marine I, 2, 3, qui firent tant de mal à la ville de Sébastopol et qui supportèrent, presque seules, le feu des Russes pendant le fameux hiver de 1854 à 1855.

Nommé en 1855, capitaine de vaisseau, M. Méquet eut successivement le commandement du vaisseau à trois ponts le *Montebello* et fut capitaine de pavillon de l'amiral Rigault de Genouilly à bord du trois-ponts la *Ville de Paris*.

Ce dernier commandement mit plus en relief encore les qualités du marin. L'amiral Rigault de Genouilly fit les premiers essais de la tactique navale à l'usage des vaisseaux à vapeur et le commandant Méquet fut en sa qualité de capitaine de pavillon, nommé rapporteur de cette commission.

En 1864, M. Méquet est nommé officier général et occupe le poste de major général de la marine à Brest. Quinze mois après, il met son pavillon sur la frégate la « *Sémiramis* » et prend le commandement en chef des forces navales françaises dans les mers des Antilles et du golfe du Mexique. Il visite les différents ports de l'Amérique du nord et rend de grands services diplomatiques à St-Domingue, où il voit tomber le gouvernement de Salnave.

La guerre de 1870 trouve l'amiral Méquet prêt à combattre, soit sur mer, soit sur terre. Le gouvernement de la défense nationale lui confie le commandement du 8e secteur qui, promptement installé, se trouve de suite armé et prêt à repousser une attaque de vive force. Après le 19 septembre, pendant deux mois, l'amiral ne cessa de mettre son secteur en état de défense et eut occasion de déployer son inébranlable énergie. Les attaques des Français sur L'Hay, Chevilly, Bagneux, Chatillon, furent vigoureusement secondées par l'amiral Méquet, qui veilla, de sa personne, à maintenir l'ordre dans les entrées et les sorties de troupes.

Le commandant du 8e secteur a eu une réputation de dureté imméritée, due seulement à l'esprit d'obéissance et de discipline dont il se montrait animé et qu'il savait faire partager aux officiers de son état-major général.

Figure pleine de finesse, esprit délié, l'amiral Méquet est un véritable type de marin. Sous une enveloppe d'apparence frêle se dissimule une grande force de résistance et même d'audace. Homme d'action, en même temps qu'homme de détails, le baron Méquet aurait pu, pendant la désastreuse campagne de 1870-71, échanger son commandement sédentaire contre celui d'une division active. Mais il rendit autant de services dans son secteur qu'il en aurait pu rendre s'il eût été placé à la tête d'un corps d'armée.

FRANCIS GARNIER

Les voyages et la mort héroïque de M. Garnier ont rendu son nom célèbre. Pendant le siége il était le chef d'état-major de l'amiral Méquet.

De l'aveu des officiers de marine, ses camarades et ses supérieurs, peu d'hommes étaient aussi bien doués que le lieutenant de vaisseau Garnier. D'une taille mince et délicate, sa figure indiquait une intelligence supérieure, et tout ce que le jeune marin a entrepris prouve l'étendue de ses facultés intellectuelles.

Son jugement sain, ses aptitudes mathématiques le firent choisir en 1862 comme rapporteur de la commission chargée d'expérimenter le fusil Chassepot. Il conclut naturellement à l'adoption de cette arme, mais non moins *naturellement*, paraît-il, le comité d'artillerie rejeta les conclusions de M. Garnier, qui quitta alors l'école de Vincennes. Il partit pour la Chine, sur le vaisseau le *Duperré*, le dernier vaisseau de guerre à voiles français qui ait doublé le cap de Bonne-Espérance.

Pendant sa campagne sur les côtes de Chine, il fut officier d'ordonnance de l'amiral Charner, qui ne tarda point à reconnaître dans le jeune marin un officier du plus grand mérite. Aussi, lorsque l'amiral se rendit à Tien-Tsin et ensuite à Pékin, il se fit accompagner de M. Garnier. C'est alors que ce dernier se mit à étudier la langue chinoise et travailla sur des documents fournis par des mandarins. Les ouvrages sur le Céleste Empire et la religion boudhiste lui furent bientôt familiers et il devint un sinologue autrement versé dans la connissance des religions et des langues de l'extrême Orient que plus d'un professeur au Collége de France.

La prise de possession de la Cochinchine ramena M. Garnier vers le sud et il occupa le poste important de préfet de la ville Chinoise à Saïgon. C'est dans ce poste qu'il conçut, d'accord avec le commandant de Lagrée, le gigantesque projet de remonter les grands fleuves de l'Indo-Chine, du Cambodge en arrivant de cette façon dans le centre de la Chine pour redescendre le fleuve Jaune, créant ainsi pour la nouvelle colonie de l'Indo-Chine d'immenses débouchés.

Ce fameux voyage dura plus de deux ans. Après d'innombrables fatigues, après avoir franchi à pied plus de trois mille lieues, visité l'extrémité orientale du plateau du Thibet, et atteint à des altitudes de 4,000 mètres, le commandant de Lagrée, chef de l'expédition, mourut au moment de descendre le *Yangtsé-Kiang*. Le lieutenant de vaisseau Garnier, dont la santé délicate était singulièrement compromise, prit le commandement de l'expédition. Sentant tout le poids de la responsabilité morale et scientifique qu'il acceptait, Garnier puisa dans son énergie de nouvelles forces. Il mit huit mois pour arriver à Nankin avec les restes de l'expédition, et eut l'immense joie de conduire à bon port toutes les richesses minérales, tous les documents scientifiques recueillis pendant un aussi long voyage, le premier accompli, soit par des Européens, soit par des indigènes d'Annam ou de Chine, d'un parcours total de 2,800 lieues. Le ministre de la marine lui confia naturellement le soin de publier les rapports de l'expédition, et le *Tour du Monde* les a fait connaître, en résumé, au public.

La Société royale de Géographie de Londres lui a décerné, en 1869, son grand prix et la Société Française, sa grande médaille d'or.

Garnier était tout entier consacré à la révision de ses notes de voyages, lorsque la guerre de 1870 éclata. Habitant alors Paris, il fut nommé au commandement d'une batterie flottante sur la Seine. Après la capitulation de Sedan, ses deux gros canons de 19 centimètres lui furent enlevés pour être conduits au Mont-Valérien et M. Garnier fut choisi par l'amiral Méquet pour être son chef d'état-major

Après la guerre M. Francis Garnier retourna en Orient et trouva la mort dans une de ses expéditions aventureuses; le 23 décembre 1873, il fut tué avec M. Balny et trois soldats français en défendant la citadelle de Ké-cho ou Ha-Noï, capitale Tong-King; le 4 novembre 1875, les corps des victimes qui avaient été inhumés dans la citadelle même d'Ha-Noi, furent exhumés et transportés au nouveau cimetière français de la ville. Un des témoins de ce fait en a décrit les renseignements suivants :

« Voulant donner à cette cérémonie toute la solennité désirable, et après s'être entendu avec les autorités annamites, ainsi qu'avec les missionnaires, M. de Kergaradec, consul de France, accompagné du commandant supérieur du détachement français, du médecin-major de ce détachement et du secrétaire du consulat, se transporta, le 3 novembre dernier, à la citadelle d'Ha-Noï.

« L'exhumation eut lieu en présence de ces autorités, et, cette pénible opération terminée, les dépouilles mortelles de nos compatriotes furent escortées jusqu'à la petite église d'Hanoï, où les cercueils furent veillés pendant toute la nuit. Le lendemain, 4 novembre, après une messe dite par Mgr Fuginier, le convoi funèbre, en tête duquel marchait le vicaire apostolique revêtu de ses ornements pontificaux, se dirigea vers le cimetière français. Sur tout le parcours, la police était faite par une compagnie de soldats que les autorités annamites avaient mise à la disposition du consul de France; les cercueils étaient portés par des chrétiens accourus en grand nombre des paroisses environnantes, et l'attitude recueillie de la foule considérable qui se pressait sur le passage du cortége, témoignait du profond respect que l'on a pour les morts dans ce pays. Cette cérémonie s'est accomplie dans l'ordre le plus parfait. Son caractère imposant et sa solennité ont paru produire une vive impression sur le peuple et sur les mandarins.

« Le gouverneur Tran, absent depuis plusieurs jours, et de retour à Ha-Noï le lendemain de la cérémonie, s'est empressé, dès son arrivée, de se rendre avec sa suite au tombeau de M. Garnier, pour y faire, suivant l'usage annamite, une visite officielle. »

M. EMMANUEL EVEILLARD

La vocation de M. Eveillard s'est annoncée de bonne heure.

En 1846, à peine âgé de quinze ans, il entrait à l'Ecole navale. Sorti en 1848, il fait immédiatement une campagne de vingt mois sur les côtes occidentales de l'Afrique. En mars 1849, sa conduite aux combats du Rio-Nunez le fit porter à l'ordre du jour. Aspirant de première classe en 1850, il sert sous les ordres du capitaine de vaisseau Méquet.

En 1851, embarqué sur la *Galathée*, M. Eveillard va aux Antilles et ensuite se dirige vers le sud de l'Amérique, à la station du

Brésil et de la Plata. Pendant cette campagne, il assiste comme témoin à la bataille de Monte-Caseros, qui anéantit la puissance de Rosas et mit fin à la dictature qu'il exerçait depuis si longtemps sur les Etats de la Plata.

Au mois d'août 1853, l'aviso à vapeur le *Duroc* arrive à Montevidéo, avec la destination de renforcer la station des mers du Sud. M. Eveillard obtint de ses chefs, et de M. de Laveissière, commandant du *Duroc*, l'autorisation d'embarquer sur ce navire, et pendant deux ans il parcourut le Pacifique dans tous les sens. Il assista à l'attaque infructueuse du port russe de Pétropaulowski, lors de la guerre d'Orient.

Enfin, en 1856, se trouvant à Papéiti, chef-lieu de Tahiti, le *Duroc* reçut l'ordre de rentrer en France.

Cet ordre ne put être exécuté : le *Duroc* fit naufrage sur l'îlot de Meelish, banc de sable perdu dans l'immensité de la mer de

Corail. Nous ne pouvons ici raconter ce drame, disons seulement que l'aspirant Eveillard, qui depuis 1852 était enseigne de vaisseau, eut sa grande part dans le sauvetage de ceux qui avaient échappé au désastre.

Ces malheureux restèrent sur cet îlot, nu et aride, pendant cinquante-deux jours. Ils employèrent ce temps à construire avec les mâts et les débris du *Duroc* une embarcation qu'ils nommèrent *la Délivrance.*

Ils naviguèrent vingt-trois jours sur ce radeau, exposés à chaque instant à engloutis. Enfin, ils arrivèrent à Timor-Coupang, après avoir franchi une distance de 920 lieues marines — ou 1,100 lieues terrestres, —dans des parages où les bancs de corail cachés à quelques pieds au-dessous du niveau de la mer, sont un danger permanent pour les navigateurs, et c'est par centaines que l'on compte les navires qui se sont perdus sur ces dangereux récifs du détroit de Torrès.

La belle conduite de M. Eveillard lui valut, à son retour en France, la croix de la Légion d'honneur et le grade de lieutenant de vaisseau; il avait alors 26 ans.

Ici se place un triste épisode. Le père du jeune officier, qui était consul de France à Djeddah, fut tué par les Arabes le 15 juin 1858. Madame Eveillard partagea le sort de son mari, et leur fille, mademoiselle Elise Eveillard, échappa au massacre après avoir tué trois Arabes.

Pendant la guerre d'Italie, le lieutenant Eveillard commanda en second sur *la Mayenne*, et à la fin de la campagne reçut la croix des Saints-Maurice-et-Lazare. Il fit l'expédition du Mexique sur *la Poudre* et la *Ville de Lyon;* ce fut à cette époque qu'il donna sa démission.

Il reprit du service lorsque la France fut envahie et rentra dans la marine avec son ancien grade. Au 8ᵉ secteur, il remplit les fonctions d'aide-de-camp de l'amiral Méquet.

L'AMIRAL KRANTZ

Pendant le siége M. Krantz, alors capitaine de vaisseau, commandait le fort d'Ivry. D'une taille élevée, un peu courbé, la figure douce, les yeux vifs, le capitaine Krantz attirait toutes les sympathies. Dans un seul cas seulement, se traits devenaient durs, c'était quand il apercevait un garde national causer avec ses marins. Alors il ne se gênait point pour dire à *l'escargot de rempart* d'aller autre part qu'au fort d'Ivry chercher un camarade à qui il pût faire part de ses impressions. Le brave et intelligent marin tenait en profond mépris, cette multidude armée, indisciplinée et vaniteuse.

Né en 1821, M. Krantz entra au service en 1837; il était aspirant en 1839, enseigne en 1843, lieutenant de vaisseau en 1848, capitaine de frégate en 1861, capitaine de vaisseau en 1867. Sa belle conduite durant le siége lui valut le grade de contre-amiral (1871).

La vie de l'honorable amiral a été celle de tous les marins, jamais de repos, pas même sur la terre ferme. En 1852, alors lieutenant de vaisseau, il était, à Brest, directeur de l'observatoire de cette ville ; en 1853, et pendant la guerre d'Orient, il commandait l'aviso le *Ténare*. Ce bâtiment était alors armé en bombarde, et lança de nombreux projectiles sur Sébastopol. M. Krantz assista à la prise de Kimburn, et la nuit qui précéda cet acte important du drame qui se déroulait dans la mer Noire, il plaça les bouées indiquant le poste de combat de chaque navire.

En 1856, M. Krantz partait avec le *Ténare* pour le Brésil et la Plata. A ce moment, la fièvre jaune ravageait cette partie de l'Amérique du Sud, le *Ténare* rentra en France, son équipage avait été décimé par le fléau. Le lieutenant Krantz prit le commandement de la *Sentinelle* et alla croiser dans l'Adriatique. En 1861 il se rendait sur les côtes de Syrie où il demeura le temps que dura l'expédition commandée par le général de Beaufort d'Hautpoul. Capitaine de vaisseau depuis deux ans, M. Krantz commanda en 1869 le *Louis XIV*, vaisseau-école de canonniers. Quand il prit le commandement du fort d'Ivry en 1870, les convois et les régiments allemands suivaient la route de Choisy-le-Roi à Versailles. Le capitaine Krantz, grâce à la justesse du tir de ses marins, empêcha les envahisseurs de se servir de cette route et les obligea de prendre celle de Villeneuve-Saint-Georges. C'est à peine si de temps en temps un hulan passait ventre à terre sur cette voie où tant de soldats allemands avaient trouvé la mort.

Nommé contre-amiral après la guerre, M. Krantz fut chef d'état-major et chef du cabinet de l'amiral Pothuau, ministre de la marine. En 1873 il prenait le commandement de la division navale des mers de Chine et du Japon, puis nommé gouverneur intérimaire de la Cochinchine, il signait un traité avec l'empereur d'Annam.

En 1877, on le trouve tout à la fois membre du conseil des travaux de la marine et membre d'une des commissions de l'Exposition universelle.

LE 84me BATAILLON

Lorsqu'après le 4 Septembre, la population de Paris fut armée en masse, je me présentai pour être incorporé dans le 18e bataillon. Ce 18e bataillon datait de l'empire et n'était composé que d'hommes choisis, rentiers ou boutiquiers, qui se connaissaient tous et ne se souciaient point d'admettre des intrus dans leurs rangs. Ils étaient huit cents environ. Le sergent-major, que j'allai voir, me reçut d'assez mauvaise grâce, me répondit que le bataillon était au complet, et finit par me donner l'adresse d'un sergent-major du 84e, nouveau bataillon en formation dans le quartier.

Je me rendis rue Taranne, au domicile du

sous-officier auquel on m'avait renvoyé, et je ne fus pas peu étonné de rencontrer un de mes compatriotes, le docteur Joba. Je lui racontai ma visite chez son collègue.

— Cela ne m'étonne pas, répondit-il, ils ne veulent accepter personne dans le 18ᵉ.

Le lendemain, j'avais un fusil à tabatière et, en compagnie de tous les concierges du quartier, j'apprenais le maniement des armes sur la place Saint-Germain-des-Prés. Mon bataillon renfermait des portiers, des frotteurs, des commissionnaires de place auxquels il était fort difficile d'inculquer les premières notions des trois pas en avant ou en arrière, des tête droite et des tête gauche. Lorsque chaque semaine nous allions au rempart, j'avais devant moi un frotteur qui se rappelait trop souvent son métier. Ses clients l'avaient quitté ; à chaque instant ce pauvre garçon se livrait à une sarabande insensée, faisant glisser ses souliers ferrés sur la chaussée. Il était pris de ces accès quatre ou cinq fois par heure. Chaque crise dansante durait cinq minutes, cela suffisait pour faire perdre le pas à toute la compagnie ; alors les rangs se mêlaient, chacun criait contre le malheureux frotteur et les officiers le menaçaient de lui supprimer sa solde, s'il ne mettait un terme à sa gymnastique. Sur environ cent trente hommes que comptait ma compagnie, une vingtaine au plus paraissaient décidés à marcher ; quant aux autres, ils disaient hautement qu'ils ne feraient point un pas hors des fortifications.

Dans une autre compagnie du même bataillon, les officiers nommés dès le commencement durent donner leur démission et faillirent passer au conseil de guerre. Ces futurs fédérés étaient de garde à un poste du côté de Montrouge, lorsqu'un individu traînant une charrette à bras entra dans Paris. Sa petite voiture était pleine de peaux de bœufs ; comme il était, disait-il, très-fatigué, il pria les gardes nationaux de vouloir bien lui permettre de laisser pendant quelques heures son chargement près du poste. Cette faveur lui fut accordée ; il partit pour faire plusieurs courses dans le quartier. La journée s'écoula sans qu'on revît l'homme aux peaux. Le lendemain, au moment de quitter leur poste, les gardes — il y eut des exceptions — se réunirent et, après une discussion d'où était bannie toute idée de moralité, il fut décidé qu'on vendrait la voiture et ce qu'elle contenait. Un individu acheta le tout pour cent dix francs ; cette somme fut employée à saoûler les vendeurs et l'acquéreur. Mais tout n'alla point comme ces citoyens l'avaient espéré ; le fait fut raconté, il y eut des plaintes. Il restait une trentaine de francs qu'on voulut déposer à la caisse de secours de la compagnie ; mais on n'accepta pas cette proposition ; un matin, la compagnie réunie sur la place Saint-Germain-des-Prés reçut un blâme public et l'affaire en resta là.

Tant que dura le siége, le 84e ne fit qu'un service hebdomadaire, ce qui excita la jalousie du 18e qui montait deux fois par semaine au rempart. Ce dernier bataillon ayant un effectif plus faible que le premier, son service se trouvait forcément plus pénible, ce qui causait aux frotteurs une joie manquant tout à fait de générosité.

Lorsque la Commune eut pris possession de l'Hôtel-de-Ville, le 84e se fédéra (1). Un nouveau commandant fut nommé (2) et les hommes de Belleville s'emparèrent de la mairie du VIe arrondissement. Par un coup de main heureux, des gardes nationaux, fidèles à la cause de l'ordre, reprirent leur municipalité ; mais, n'ayant laissé, pour la garder, que trente hommes environ, les fédérés, conduits par Lullier, revinrent à la charge avec des canons et chassèrent faci-

(1) Il y eut un grand nombre d'exceptions.

(2) Leroux, sculpteur sur bois.

lement la faible troupe qui était à la mairie. Lullier était à cheval au milieu de ces bandes et coupait l'air avec son sabre.

Le 84e garda la préfecture de police. Il fut chargé de maintenir l'ordre sur la place Dauphine où, toute la journée, la foule se portait. Chacun voulait un laissez-passer pour sortir de Paris. Le public s'engouffrait lentement dans la place par l'entrée qui donne sur le Pont-Neuf. Ce passage, bordé de hautes maisons, ressemblait assez aux lèvres d'une bouche monstrueuse, attirant les victimes qui s'y précipitaient bénévolement. Les fédérés du 84e trouvaient le moyen d'exploiter le public. Ils suivaient la queue qui, de la place, s'étendait jusqu'au quai des Grands-Augustins ; lorsqu'ils apercevaient un individu bien vêtu, ils lui faisaient un signe et lui proposaient, moyennant dix francs, de le faire passer le premier. Cette offre était toujours acceptée. Les gardes qui se livraient à ce nouveau genre de commerce faisaient des recettes quotidiennes qui variaient de cinquante à cent francs. Ceux-là ont dû trouver que la Commune avait du bon.

Pendant que les compagnies sédentaires de ce bataillon peu scrupuleux passaient à la préfecture une existence des plus douces, les compagnies de marche reçurent l'ordre de se rendre au Champ-de-Mars pour être passées en revue.

La Commune avait bien maintenu le mot égalité, qui faisait partie de sa devise sur les édifices publics, mais, lorsqu'il s'agissait de mettre en pratique le fameux système égalitaire, tout le monde voulait être galonné. Plus de soldats, tous chefs. Aussi les grades et les titres abondaient-ils. L'Ecole militaire avait son commandant, le colonel Razoua ; la place du Champ-de-Mars eut également son chef, le colonel Vinet. C'était lui qui passait en revue les bataillons se mettant en route pour les fortifications.

Lorsque le 84e déboucha sur la place, clairons et cantinières en tête, il se mit en ligne au cri de : Vive la Commune ! et attendit le citoyen Vinet. Le commandant Leroux, le sabre à la main, surveillait ses hommes et jetait de temps en temps un regard du côté où se trouvait le gouverneur du Champ-de-Mars. Bientôt une troupe de cavaliers tous plus galonnés l'un que l'autre, parut. Les cris redoublèrent, les musiciens se livrèrent à une orgie effrayante de notes ; lorsque le colonel Vinet se plaça en face du bataillon, le commandant Leroux salua son supérieur et lui présenta sa troupe.

Vinet était un homme jeune, très-mince, à la figure imberbe. Sa poitrine arrondie laissait deviner un corset sous la tunique, ses hanches larges faisaient presque craquer son pantalon, ses mollets bien formés se perdaient dans d'élégantes bottes, ses pieds et ses mains étaient d'une petitesse microscopique. On admirait le charmant colonel; les yeux étaient fixés sur lui. Un garde national dit à son voisin que cet homme pourrait bien être une femme : aussitôt ce bruit se répandit, on cria contre le sans gêne de Vinet; protestation du pseudo-colonel; mais les fédérés n'écoutèrent ni cris ni menaces; ils entourèrent le gouverneur, quelques-uns déboutonnèrent sa tunique, et pour s'assurer du fait on le porta à l'Ecole militaire où il fut déshabillé et mis nu comme Eve avant le péché. Les soupçons se changèrent en certitude. Le citoyen Vinet, ne voulant point interrompre une partie commencée, avait chargé sa concubine de recevoir le 84e. Cette amazone, ne comptant pas sur un dénouement aussi grotesque, s'était prêtée à la plaisanterie, elle faillit être passée par les armes. Heureusément les colères s'apaisèrent, le colonel Vinet conserva son poste et sa maîtresse. Quant au trop susceptible 84e, il fut envoyé au Petit-Vanves, où il se laissa prendre par les troupes de Versailles.

ÉPISODE DU SIÉGE DE PARIS

Quelque temps qu'il fît, la foule était toujours nombreuse au pont viaduc d'Auteuil. Depuis que les batteries des fortifications s'étaient fait entendre, il y avait eu une recrudescence de curieux. On espèrait avoir une nouvelle représentation de la lutte du 21 octobre. Les femmes et les jeunes filles regardaient les artilleurs flânant auprès des canons, attendant qu'un projectile s'échappant de la bouche de bronze, traversât l'air en sifflant et allât éclater, comme le bouquet d'un feu d'artifice, sur les cachettes des Prussiens.

Leurs oreilles délicates semblaient charmées d'entendre la voix formidable de l'airain leurs nerfs éprouvaient une sensation délicieuse au choc des ondes aériennes, leurs yeux brillaient d'un éclat plus vif, si l'obus éclatant dans l'espace, lançant dans tous les sens ses débris, couvrait le sol de membres arrachés et de chairs pantelantes.

Les loueurs de télescopes, qui s'étaient établis près du viaduc, faisaient fortune en montrant aux amateurs les bois où se trouvaient les Prussiens. Toutes les lunettes n'étaient pas de premier choix, quelquefois on n'apercevait qu'un brouillard épais au lieu d'un campement ennemi; mais personne n'avouait sa mésaventure, on n'était pas fâché de voir ses voisins pris au piége, rallonger l'instrument ou le raccourcir, faire des efforts inouïs pour le mettre à leur vue. Toutes les tentatives étaient impuissantes, l'horizon épais et laiteux se retrouvait sans cesse au bout de la lunette.

Après les astronomes venaient les cantiniers avec leurs étalages portatifs. Les bouteilles d'eau-de-vie, de cassis et de rhum étaient souvent renouvelées ; les causeries altèrant les curieux.

Puis couraient dans la foule les marchands de cigares et d'allumettes ; les mercelets qui fournissaient aux gardes nationaux des jugulaires, des couvre-képis, des ceintures, des guêtres, des boutons, de la pommade hongroise pour ceux qui avaient la lèvre supérieure ornée de moustaches. Un passeur faisait traverser la Seine aux amateurs sur une mauvaise barque.

Tout ce monde de soldats, de mobiles, de gardes nationaux, de matelots, d'ouvriers, de femmes, de jeunes filles, d'enfants, de marchands qui criaient, de mendiants qui sollicitaient la pitié d'une voix nazillarde, s'entassait sur la partie restée libre du pont et regardait les collines boisées, les maisons isolées s'élevant du milieu des arbres dont les feuilles jaunies tombaient, les villages s'étalant dans la plaine, se cachant au fond des vallons ou paraissant comme accrochés sur le flanc des coteaux.

On voyait les bûcherons tracer à travers le parc d'Issy de larges allées. Les grands arbres masquaient les canons du fort d'Issy et gênaient le tir des pointeurs.

Vite on s'était mis à l'œuvre, et les boulets, promeneurs sinistres, eurent un chemin droit d'où tout obstacle avait disparu.

Sur la Seine, près de l'île Saint-Germain, étaient à l'ancre plusieurs canonnières ; un de ces navires descendait le fleuve de temps en temps, prêt à lancer un projectile sur les Prussiens qui tenteraient d'exécuter des travaux pour se mettre à l'abri.

Un bateau minuscule fendait l'eau avec la rapidité d'un poisson, sa petite machine reluisait comme le canon d'un fusil fraîchement astiqué ; son hélice légère tournait avec furie et soulevait à l'arrière un tourbillon couronné d'une frange d'écume argentée.

Le barrage puissant qui traversait le fleuve, complétait la défense. Une étroite ouverture ménagée entre les pontons livrait passage aux canonnières et aux batteries flottantes.

Du côté d'Auteuil la plupart des arcades du viaduc étaient occupées par des mobiles qui jouaient, lisaient, faisaient la popotte ou dormaient.

Des enseignes au charbon s'étalaient sur les murs. Les mobiles demandaient principalement des bonnes à tout faire ; cette plaisanterie se trouvait souvent répétée et amusait les promeneurs.

Sur une pile se détachait en lettres gigantesques une phrase insultante pour la famille impériale.

Sur la rive, les bateaux omnibus amenaient toutes les cinq minutes des chargements de voyageurs. Les guinguettes et les restaurants étaient remplis d'un public bruyant.

Un de ces bateaux descendait la Seine, les passagers causaient naturellement de ce qui se passait. Chacun avait un plan infaillible pour anéantir l'armée allemande et délivrer Paris. Un des voyageurs, homme de haute taille, à la figure enluminée, ornée de moustaches et d'épais favoris blancs, écoutait, ou semblait écouter toutes ces conversations avec beaucoup d'intérêt. Il ne disait pas un mot. Debout près de la cheminée, sa taille dépassait celle des voyageurs qui l'entouraient. On ne le remarqua point d'abord, mais sa physionomie attira l'attention, son mutisme frappa, et bientôt, de l'avant à l'arrière du bateau, le mot de mouchard circula. Hommes et femmes sortirent des cabines et s'entassèrent sur le pont. Des murmures et des cris menaçants s'échappaient de cette cohue, et l'homme à la haute taille ne s'imaginait point qu'il était la cause de cette émotion.

Les menaces se changèrent en protestations, les yeux lancèrent des éclairs ; un mauvais plaisant ou un imbécile venait de dire tout bas que le propriétaire des épais favoris n'était autre que le roi de Prusse lui-même. Il y eut un mouvement général d'indignation et quelques passagers mirent la main au collet du soi-disant roi Guillaume. Le pauvre homme, ahuri, ne savait s'il devait prendre la chose comme une plaisanterie ou se fâcher.

Malgré ses protestations, il fut arrêté et conduit à un poste de police, où il put faire constater son identité. C'était un marchand de vin d'Asnières nommé Brot, réfugié à Paris, qui ressemblait, paraît-il, au roi de Prusse.

LES 18 ET 19 MARS 1871

Beaucoup des individus organisateurs du mouvement communard s'étaient d'eux-mêmes mis en relief après le 4 Septembre; mais ils ne trouvèrent pas à se caser, ou furent remerciés. Ils continuèrent alors contre le gouvernement de la Défense nationale la guerre qu'ils avaient faite à l'Empire. Ils se firent nommer chefs de bataillon dans les quartiers excentriques, et, au lieu d'échauffer le patriotisme de leurs hommes, ils attisaient les passions révolutionnaires, et se préparaient à profiter de la première occasion pour s'emparer du pouvoir. Au 31 octobre, ils faillirent être les maitres, mais la garde nationale de l'ordre sauva le gouvernement, et les communards durent remettre à plus tard leurs espérances.

Blanqui, Piat et leurs partisans, un instant désorientés, reprirent promptement courage ; grâce à la complicité ou à la faiblesse des gouvernants, ils imprimèrent et dirent que les bataillons réactionnaires devaient seuls sortir et se battre, que les *purs*, au contraire, resteraient dans Paris pour garder la République. Les avances de M. Jules Ferry, allant lui-même porter un drapeau aux Bellevillois, n'eurent aucun résultat. Après la levée du siége de Paris, lorsque les radicaux préparaient la Commune, j'allais tous les jours, avec quelques amis, dans les différents quartiers de Paris, voir les progrès de l'insurrection. Souvent le soir vers dix heures, nous montions aux buttes Montmartre, et en causant avec des fédérés, on savait immédiatement les mots d'ordre et de ralliement, ce qui nous permettait d'arriver jusqu'au Moulin de la

Galette, à travers les gardes nationaux, les canons, les mitrailleuses. Avec un litre de vin ou quelques petits verres placés à propos, on obtenait ce qu'on voulait des fédérés, et le lendemain les journaux de toutes nuances étaient pleins de détails sur l'intérieur de la citadelle des hommes de la Commune.

Le 18 mars, jour de l'assassinat de MM. Clément Thomas et Lecomte, je me rendis le soir, vers neuf heures, du côté de la Bastille et de l'Hôtel-de-Ville. Sur la place de la Bastille, il y avait beaucoup de monde, les têtes étaient montées, les fédérés chantaient, proféraient des menaces contre le gouvernement et insultaient les passants paisibles qui regagnaient en toute hâte leur domicile. En descendant la rue de Rivoli, j'entendis courir derrière moi, je me retournai et je vis une femme qui suivait la chaussée tout essoufflée. Elle me demanda la permission de m'accompagner, et en marchant elle me dit que sortant de chez ses parents, qui habitaient le faubourg Saint-Antoine, et n'ayant point trouvé de voiture, elle avait été insultée et poursuivie par des gardes nationaux et ne leur avait échappé qu'à grand'peine. Ce récit ne me surprit point, puisque je venais d'assister à plusieurs scènes de ce genre.

Le 19, nous nous trouvions tous réunis au journal le *Gaulois,* préparant les articles pour le numéro du lendemain, lorsqu'on vint avertir M. Tarbé que dans la soirée on devait venir briser les presses du *Gaulois* et probablement arrêter ses rédacteurs. La même expédition devait avoir lieu pour le *Figaro,* à peu près à la même heure. Celui qui apportait ces renseignements était un ouvrier imprimeur qui travaillait pour le *Gaulois.* Son bataillon devait fournir les hommes nécessaires à l'exécution des ordres du Comité.

Après la noyade d'un sergent de ville et

l'assassinat de deux généraux, l'arrestation de quelques journalistes ne devait point paraître surprenante, surtout quand ces écrivains étaient depuis longtemps signalés comme réactionnaires. M. Tarbé et presque tous ses collaborateurs partirent pour Versailles, où le *Gaulois* parut le lendemain. Les machines de l'imprimerie Kugelmann furent enlevées et dirigées sur Versailles, où elles servirent non-seulement au *Gaulois*, mais aussi à l'*Officiel*, dont le directeur, M. Wittersheim, s'était vu dans l'impossibilité d'enlever la plus petite partie de son matériel.

Jusqu'au 26 mars, les journaux imprimés à Versailles entrèrent assez facilement dans Paris, mais lorsque les élections, ordonnées par la Commune, eurent donné à ce gouvernement de déclassés une apparence légale, on ne garda plus aucune mesure et les poursuites furent dirigées contre les organes de publicité qui se permettaient de critiquer les actes des insensés alors maîtres de Paris et trônant à l'Hôtel-de-Ville. Il devint même assez diffficile de franchir les fortifications, et lorsque la lutte armée fut engagée, des milliers de jeunes gens cherchèrent à fuir pour échapper au service actif dans les rangs des communards.

DE PARIS A VERSAILLES

SOUS LA COMMUNE

Le 3 avril dans l'après-midi, j'avais sans succès tenté de quitter Paris. Les chemins de fer de l'Ouest — rive droite et rive gauche — ne marchaient plus ; quant aux autres lignes, il fallait, pour monter en wagon, être muni d'un laissez-passer signé d'un membre de la Commune; souvent même la signature était protestée, l'officier qui commandait la troupe fédérée refusant de lire le papier, couvert de cachets tous plus rouges les uns que les autres.

J'avisai d'un nouveau moyen. Une voiture me déposa sur le quai de Bercy, vers sept heures du soir. Au bout d'un instant de promenade, j'appelai un gamin qui dirigeait une barque.

— Peux-tu me prendre dans ta nacelle ?

— Pour aller où ?

— J'ai rendez-vous, à huit heures, au restaurant que tu vois là à côté.

— Monsieur veut se promener ?

— Justement. Combien me demandes-tu ?

— Ce que vous voudrez.

Afin de me mettre dans les bonnes grâces du bonhomme, je lui offris une absinthe et un cigare, deux choses qu'il accepta avec plaisir.

Sans y mettre d'empressement, je montai dans la nacelle. Le gamin la détacha ; en quelques coups de gaffe, nous étions dans le courant.

— De quel côté allons-nous ?

— Pas loin. — Nous nous trouvions au milieu du fleuve ; je simulai la peur, mon compagnon me rassura. C'est égal, lui dis-je, suis la rive et remonte le courant. Surtout sois prudent. — Il daigna rire de mes craintes, et se mit à ramer.

La nuit tombait ; une double rangée de becs de gaz bordait le fleuve ; au loin paraissait la masse sombre de Notre-Dame. Des façades des maisons s'échappaient des lumières tremblotantes ; sur les quais les passants étaient rares ; sous le pont Napoléon l'eau noire s'engouffrait.

Des sentinelles de la Commune se promenaient sur le quai. Elles regardèrent la barque, mais la voyant passer si près, d'un air si tranquille, ces braves fédérés ne jugèrent pas à propos de s'informer où nous allions. A deux cents mètres à peu près au-delà des fortifications, je me fis descendre.

— Nous ne serons jamais pour huit heures à Bercy, me dit le batelier. Je lui donnai cinq francs pour sa course et le quittai brusquement. Il remonta dans son bateau en sifflant ; quant à moi, je me dirigeai, sans perdre une minute, du côté d'Ivry.

Le ciel était couvert de nuages que chassait un vent violent du nord-ouest. Le chemin que je suivais filait à travers champs ; des haies, des arbres le bordaient. Je n'entendais que le bruit de mes pas sur les pavés glissants. Paris, dont j'apercevais la silhouette gigantesque, était calme ; pas un bruit ne s'échappait de son immense enceinte. Rien n'annonçait la grande ville si animée, si joyeuse en d'autres temps. Je passai à peu de distance du fort d'Ivry, je gagnai Villejuif. Au sommet du plateau, s'élevaient le fort de Bicêtre et le château, puis le terrain semblait s'effondrer, un gouffre immense où tourbillonnait un épais brouillard d'un noir de suie, c'était la vallée de la Bièvre. A quelques pas de Villejuif, deux monticules pareils à des *tumulus* énormes, me rappelèrent le Moulin-Saquet et les Hautes-Bruyères.

Aux dernières maisons du village, je suivis un sentier qui descendait vers Chevilly, je dépassai ce village et j'arrivai à la route de Versailles à Choisy-le-Roi. Depuis une heure et demie que j'avais quitté mon petit batelier, j'avais traversé trois villages, des campagnes parsemées de maisons isolées, pas un seul être animé ne s'était encore présenté à ma vue. Ce silence m'irritait.

Une fois sur la route, je m'orientai et me dirigeai vers l'ouest. Les grands arbres qui bordent la chaussée étendaient dans l'espace leurs branches dénudées que le vent faisait craquer. Je pressai le pas, je traversai la Croix-de-Berny dont les maisons paraissaient veuves de leurs habitants, puis au delà de la Bièvre, Chatenay ; toujours le même silence de mort. Après avoir dépassé Chatenay, la route se trouve en contre-bas. A une distance qu'il m'était impossible d'apprécier, mais que je jugeai assez courte, je voyais les forêts s'étendre à perte de vue, couvrant les collines de leurs masses sombres. Par une prudence dont je ne me rendis pas compte, je suivis le milieu de la chaussée, à cause du pavé qui résonnait sous mes bottes ; cette précaution, comme je le vis un quart d'heure après, ne fut pas inutile.

En arrivant à l'endroit où la route s'enfonce dans les bois, j'entendis du bruit au milieu des taillis, puis, comme un éclair, un fusil s'abaissa, dirigé de mon côté ; à mon oreille résonna de la façon la plus désagréable le grincement sec du chassepot, et l'on cria : Qui vive ? — Ami. — Vous êtes seul ? — Oui. — Approchez !

Je m'avançai jusqu'à l'extrémité de la baïonnette, qui piqua mon vêtement à la hauteur de la poitrine.

D'où venez-vous ? — De Paris. — Où allez-vous ? — A Versailles. Le sergent qui commandait le poste, s'approcha et, après m'avoir considéré une seconde ordonna à la sentinelle de relever son fusil. Je dois avouer que je respirai plus tranquillement lorsque l'arme eut repris la position perpendiculaire.

Le sous-officier me conduisit dans une maison isolée, où se trouvaient beaucoup de ses supérieurs, sous-lieutenants, lieutenants et capitaines. Je subis un interrogatoire complet, ensuite on me laissa partir. Il était alors onze heures et demie. Ma conversation avec les officiers m'avait détendu les nerfs ; lorsque je me remis en route, j'avais les pieds tellement endoloris que, pour éviter les secousses du pavé, je sautai par-dessus le fossé et suivis à travers les terres labourées, à une distance assez courte de la chaussée. Je marchais depuis dix minutes à peine, quand un obstacle auquel s'accrocha mon pied me fit tomber. Je tâtai, sinon pour voir, au moins pour sentir l'objet, cause de mon accident ; ma main rencontra une botte, puis je sentis une jambe. La forme noire sur laquelle je me tenais baissé était un corps humain. J'enflammai une allumette pour voir si le malheureux était blessé, ou si, par hasard, j'avais rencontré un ivrogne cuvant son vin. Je me trouvais à la hauteur de la tête et le spectacle que j'eus sous les yeux ne sortira jamais de ma mémoire. Le cadavre était étendu sur le dos. Une balle avait traversé le cou, la poitrine était brisée par d'autres projectiles, les chairs, la chemise formaient un mélange que rendait plus affreux encore la nuit épaisse qui m'entourait. L'étoffe, les os, la chair, le sang, la terre mêlés, la figure intacte, les lèvres écartées, laissant voir des dents blanches ; les yeux grands ouverts ; à côté, des trous dans le sol, remplis d'un liquide rosé, mélange d'eau et de sang, le vent qui soufflait, les nuages qui traversaient l'espace avec une vitesse prodigieuse, l'odeur cadavérique qui me prenait à la gorge, au loin la batterie du Moulin-de-Pierre, d'où les fédérés tiraient un peu au hasard ; le sifflement des obus, arrachant l'air, tout cela me décida à ne point continuer ma route.

Je me relevai assez ému; en me retournant, je vis un homme étendu, vêtu d'un pantalon et d'une chemise. A côté de lui, il y avait un fusil qu'il tenait dans sa main, des pistolets à la ceinture. Une surprise, mêlée de terreur, me cloua au sol.

Du point où j'étais placé, aussi loin que mon regard pouvait porter, j'apercevais sur le sol des cadavres, couchés dans toutes les positions. Les uns étaient roides et droits ; d'autres, recroquevillés sur eux-mêmes, les mains enfoncées dans la terre, ou les bras en l'air, les poings semblant menacer le ciel. Je restai plus de dix minutes à contempler cet horrible spectacle; puis je quittai ce champ des morts pour me rapprocher de la route.

La pluie commençait à tomber ; les gouttes devinrent plus pressées ; les nuages crevèrent en moins de temps qu'il en faut pour l'écrire ; le sol ne fut bientôt plus qu'un lac de boue, où j'enfonçais jusqu'à la cheville. Le vent soufflait avec une violence inouïe, faisant ployer les arbres, dont les branches dansaient follement dans l'espace. La lune se montra entre deux nuées, et ce que je n'avais vu qu'imparfaitement se montra dans toute son horreur.

L'eau tombait sur les morts ; le sang, coagulé, se liquéfiait et coulait comme des ruisseaux ; les figures, noircies, souillées par la boue, se montraient blanches, comme taillées dans la pierre. En arrivant sur le bord du fossé, je passai près d'un tas énorme de betteraves, sur lequel mon regard se dirigea. Au pied de cet amas de plantes potagères étaient entassés plusieurs cadavres, dont l'un était recouvert du costume de zouave: immense pantalon de toile grise, veste avec des parements rouges. Ces malheureux avaient-ils été apportés là, s'y étaient-ils traînés, blessés, pour se mettre à l'abri des balles, ou les avait-on fusillés ?

D'un bond je fus sur la chaussée, et je

retournai vers l'auberge où j'avais vu les officiers, que je retrouvai toujours causant. J'étais trempé jusqu'aux os ; ce fut avec une joie indicible que je me sentis à l'abri. Je racontai ce qui venait de m'arriver. On m'apprit que les bandes de la Commune s'étaient, le matin, avancées en désordre jusqu'à l'endroit que j'avais traversé, croyant aller à Versailles sans combattre.

Les gardes nationaux chantaient, riaient, se moquaient des soldats qu'ils voyaient se replier devant eux, lorsque tout-à-coup le mouvement de retraite de l'armée s'était arrêté, et une fusillade terrible avait décimé les fédérés, qui s'étaient sauvés après un semblant de résistance. Je visitai avec les officiers différents postes ; les discours des soldats me convainquirent qu'il n'y avait pas à compter sur la *crosse en l'air*.

— Nous sommes obligés de les retenir, me dit le capitaine, ils sont exaspérés des insolences des journaux de la Commune adressées à l'armée.

Vers deux heures du matin, une patrouille qui faisait une tournée à travers les champs avait rencontré cinq fédérés qui cherchaient à franchir les lignes en se traînant sur le sol. Ces malheureux faisaient peine à voir. Ils étaient couverts de boue, mouraient de faim, car ils n'avaient pas mangé depuis plus de vingt heures. Ils craignaient d'être fusillés, et en longeant une haie près de laquelle étaient étendus les cadavres de deux soldats du 109e, pris dans les rangs des gardes nationaux et exécutés sur place, ils crurent leur dernière heure arrivée. On les mit à l'abri, on leur donna à manger et à boire ; la fatigue dominant la peur, ils s'endormirent.

A quatre heures du matin, la pluie cessa, le vent tomba, le ciel s'éclaircit. A cinq heures, des troupes en grand nombre arrivèrent du côté de Villacoublay, la lutte allait recommencer. La cavalerie, l'infanterie, défilaient rapidement. Puis ce fut le tour de l'artillerie et des mitrailleuses. Le bruit des roues sur le pavé ressemblait à un tonnerre.

— Avez-vous jamais assisté à une bataille ? me demanda un officier.

Je répondis négativement.

— Eh bien, venez avec moi.

La guerre entre deux peuples est une chose terrible, la guerre civile est un fait monstrueux. J'étouffais en voyant les bataillons se mettre en ligne, ayant en face d'eux les bandes des Eudes, des Vallès et compagnie. Ces sinistres saltimbanques se tenaient prudemment à l'abri pendant qu'ils faisaient s'entre-tuer des Français.

— Vous êtes ému ? me dit le lieutenant.

Je lui expliquai en quelques mots la cause de mon émotion ; il me serra la main en murmurant :

— Les Allemands sont aux portes de Paris, ils se moquent de nous. Ils rient, s'imaginent qu'ils sont grands, parce que nous sommes abaissés.

Des coups de fusil l'interrompirent. L'action s'engageait, il était environ six heures. Les canons tonnèrent, les mitrailleuses emplissaient l'air de leur infernale musique, des tourbillons de fumée blanche montèrent lentement vers le ciel, une odeur de poudre se répandit partout, les obus sifflaient, les boites à mitraille éclataient en l'air. Bientôt les troupes firent un mouvement en avant ; les fédéres battaient en retraite ou plutôt se sauvaient.

Quelques prisonniers arrivèrent, puis enfin on nous dit que la batterie du Moulin-de-Pierre venait d'être prise avec douze cents gardes nationaux qui s'y étaient réfugiés. Parmi ces prisonniers se trouvaient les généraux Henry et Duval. Ces deux chefs qui avaient conduit d'une façon si maladroite leurs soldats à la défaite, voulurent sauver leur vie en niant qu'ils fussent ceux qu'on croyait tenir. Ce système réussit à Henry, mais soit sottise, soit trahison, quelques fédérés reconnurent Duval qui, aussitôt son identité constatée, fut fusillé ; son collègue fut conduit à Versailles.

Le général fédéré eut à peine le temps de se reconnaître au milieu de la foule, ne montra ni lâcheté, ni forfanterie, et la phrase odieuse qu'un journal communard met dans la bouche du général Vinoy, est aussi fausse que la réponse de Duval.

. . . .

A deux heures de l'après-midi, les prisonniers fédérés entraient à Versailles. Je quittai cette ville le soir, en même temps que M. Dardenne de la Grangerie qui, arrivé à la porte Maillot, fut arrêté, gardé comme otage et conduit à la Conciergerie.

C'était le 14 avril, à trois heures du soir. Mon ami, A. Pothey, me prévint qu'il fallait absolument aller à Versailles.

— Il n'y a pas moyen de quitter Paris, me dit-il ; cela fût-il possible, je ne suis pas assez ingambe, et il m'est impossible de confier à un commissionnaire ce que j'ai à faire dire à M. Tarbé.

— De quoi s'agit-il ?

— Vous savez que M. Dardenne de la Grangerie est en prison ?

— Oui.

— Il vient d'être transféré à la Roquette, dans la cellule des condamnés à mort. Il faut empêcher ou au moins retarder son exécution, gagner du temps.

— Que lui veulent donc les hommes de la Commune ?

— Ils veulent lui extorquer une rançon.

— Si ce n'est que cela...

— Mais ils y mettent des conditions. En quelques mots, voici le fait. Raoul Rigault sait que l'administration des ambulances de la presse a encore en caisse beaucoup d'argent ; non-seulement il demande cet argent, mais il exige que M. Tarbé le lui apporte. Vous comprenez, c'est pour ce dernier une mort certaine, s'il se rend à l'invitation de Rigault ; quant à la Grangerie, il ne sera pas mis en liberté.

— Quand faut-il partir ?

— Le plus tôt possible.

— Demain à midi je serai à Versailles.

L'excellent Pothey me serra les mains et m'écrivit sur une feuille de papier joseph ce que je viens de raconter, en y ajoutant quelques détails.

— Tenez, lui dis-je, si je suis arrêté, j'avalerai la lettre. Je roulai la mince feuille au point d'en faire une boule deux fois grosse comme un pois. Vous voyez qu'il me sera facile de faire disparaître notre missive.

— Comment sortirez-vous ?

— Je n'en sais encore rien, mais soyez tranquille, la nuit me portera conseil.

— Surtout, dans l'intérêt de la Grangerie, que les journaux ne parlent pas de lui, ce serait son exécution immédiate.

Nous nous séparâmes, et le lendemain, dès l'aube, j'étais sur pied et fort inquiet : je n'avais pas trouvé de moyen assez sérieux pour franchir les fortifications. Je déjeunai rapidement et, après avoir embrassé ma famille, je me mis en route. Dans les rues de Paris on ne voyait que des bataillons fédérés rentrant chez eux ou se rendant aux avant-postes. Les clairons sonnaient, les tambours battaient, les gardes nationaux chantaient la *Marseillaise* ou criaient *Vive la Commune !* A chaque instant passait à cheval un chef de l'Hôtel-de-Ville, l'écharpe au vent, couvert de galons. Je me dirigeai vers le Panthéon, défendu par des barricades armées de canons ; puis, remontant le boulevard Saint-Michel, je suivis la rue d'Enfer et l'avenue d'Orléans jusqu'aux fortifications. Il me fut impossible de passer la porte d'Orléans. Traversant les quartiers du Petit-Montrouge, j'arrivai fort perplexe à l'avenue d'Italie ; à la porte, même impossibilité de sortir. Les fédérés faisaient refluer tout le monde dans Paris ; les hommes qui suivaient les convois se rendant au cimetière d'Ivry étaient obligés de s'arrêter: ce moyen de fuir avait été éventé ; les gardes nationaux riaient en voyant les mines allongées de ceux qui avaient cru pouvoir s'échapper en se mêlant à la famille du défunt. Après un instant de réflexion, je trouvai une idée que je cherchai aussitôt à mettre à exécution.

Suivant l'avenue jusqu'à l'église, où j'entrai, j'attendis.

Mon attente ne fut pas longue, car on mourait beaucoup à ce moment. Je laissai défiler plusieurs convois, ces morts étaient trop accompagnés. Je vis entrer un petit cercueil recouvert d'un drap noir tout taché, le corps qu'il renfermait ne paraissait pas avoir vécu plus de quelques mois. Une femme, la mère, pauvrement vêtue, suivait en pleurant les deux porteurs qui s'arrêtèrent devant une chapelle latérale, ôtèrent leurs bricoles et déposèrent l'enfant près de l'autel. Un vicaire arriva, prononça quelques prières, jeta de l'eau bénite sur le drap et disparut ; les croque-morts reprirent leur léger fardeau et se remirent en route.

J'étais allé m'agenouiller près de la mère, à la porte de l'église, j'achetai une couronne d'immortelles et, le chapeau à la main, je marchai derrière le cercueil, còte à côte avec la pauvre femme. Les porteurs étaient pressés et couraient presque.

— Voulez-vous accepter mon bras, madame ? dis-je à ma voisine.

Elle était tellement fatiguée qu'elle s'appuya sur moi en me remerciant du regard.

A la porte d'Italie, les fédérés, voyant ce pauvre convoi, se découvrirent et cessèrent de jouer au bouchon; personne ne songea à m'empêcher de passer. J'allai jusqu'au cimetière et j'attendis, debout à côté de la mère, que l'enveloppe de sapin eût disparu sous terre. Voyant cette malheureuse femme à genoux et sanglotant, je ne voulus pas la quitter brusquement. J'attendis qu'elle fût relevée et lui tendis la main.

— Merci, monsieur, mon pauvre petit a eu quelqu'un derrière son cercueil.

— Ne me remerciez pas si vite, lui dis-je; et je lui racontai le motif qui m'avait fait placer à son côté.

— C'est égal, vous auriez pu m'abandonner à la sortie de Paris, vous ne l'avez point fait par pitié pour moi. Mon cher ange qui nous voit priera pour vous, pour votre famille, en même temps que pour son infortunée mère... Elle regardait le ciel bleu comme si elle cherchait à apercevoir dans la voûte azurée l'image de son enfant.

Nous sortîmes ensemble du cimetière et nous nous quittâmes à distance respectable des fortifications. Je ne voulais pas trop me rapprocher des fédérés.

— Méfiez-vous, me dit-elle, ces hommes m'ont pris mon mari, le bon Dieu a rappelé à lui mon enfant, et me voilà seule !

Je me dirigeai vers Villejuif. Les habitants n'étaient point encore rentrés dans leurs maisons effondrées par le bombardement prussien. A l'extrémité de la grand'rue s'élevait la barricade construite par les Français. Je pris sur la droite un sentier qui filait au milieu des champs en culture et conduisait presque directement à Chevilly. Près de ce village, je vis les ruines d'une immense batterie allemande. Elle était en forme de longue tranchée dont les terres avaient été rejetées du côté de Paris. Un rideau d'arbres, des haies dissimulaient tous ces travaux; au fond de la tranchée, plusieurs plateformes mobiles, montées sur des roues en fonte, posées sur des rails, avaient supporté les énormes canons qui vomissaient sur Paris leurs projectiles monstrueux. Chevilly, l'Hay, la Rue commençaient à se repeupler ; on bouchait les trous faits dans les murs par les projectiles français, mais la population se montrait craintive.

— Allons-nous, se demandait-on, recevoir encore les obus de Bicêtre et des Hautes-Bruyères.

Je considérais cette dernière redoute qui s'élevait au sommet du plateau de Villejuif, dominant la plaine. Elle était occupée par les fédérés. Une de leurs sentinelles se promenait l'arme au bras sur le talus des fortifications. Je la vis abaisser son fusil et viser un individu qui marchait à quelques centaines de mètres en contre-bas. Un éclair brilla au milieu d'un léger nuage de fumée : j'entendis la détonation. Le passant qui servait de cible vivante prit sa course à travers les terres labourées. Il courait comme un lièvre, franchissant les fossés, sautant les haies, craignant que le fédéré rechargeât son arme. Il ne me voyait pas, un buisson me cachant à ses regards. Je l'appelai ; il se dirigea de mon côté.

— Est-ce que c'est sur vous qu'on vient de tirer ? lui demandai-je.

— Oui, monsieur.

— Pourquoi ?

— Parce que je passais trop près de la redoute et que le fédéré me prenait pour un espion ; mais je n'espionnais rien ; étant du pays, j'avais le droit de traverser les champs.

En me parlant, le pauvre garçon était tout ému. Il m'accompagna jusqu'à la Croix-de-Berny. Le soleil brillait, le ciel était pur, dans les arbres les oiseaux chantaient, les feuilles commençaient à pousser, au loin dans les bois sombres on apercevait des dômes d'un vert éblouissant. C'était le printemps qui renaissait. La nature accomplissait le travail éternel et toujours admirable de sa résurrection annuelle. On sentait sourdre la sève, partout le sol se couvrait d'un tapis de verdure, l'humidité et la chaleur faisaient germer les plantes, les horticulteurs surveillaient leurs couches, émondaient leur espalier, dépotaient leurs fleurs. La Bièvre coulait à travers les prairies ; les villages, les maisons de campagne montraient leurs toits de tuiles ou d'ardoises au milieu des peupliers qui s'élevaient comme des roseaux gigantesques; des pommiers, des poiriers, des pruniers étaient couverts d'une neige parfumée dont le vent m'apportait les arômes. Les cloches sonnaient et les retentissements du bronze emplissaient l'air d'ondulations harmonieuses.

En arrivant au chemin de fer d'Orsay, je trouvai les barrières ouvertes ; les trains, depuis le 4 avril, ne circulaient plus. Après avoir dépassé Chatenay, je rencontrai plusieurs campagnards qui me dirent de retourner sur mes pas, la route étant interdite aux civils. Tout en les remerciant de leur attention, je marchai toujours ; je n'avais pas fait cinq cents mètres qu'une sentinelle m'arrêta.

— Où puis-je voir des officiers ? demandai-je au soldat.

— Suivez ce chemin, entrez dans le bois et vous en rencontrerez, me dit-il.

Le chemin s'enfonçait dans la forêt. Chaque arbre dissimulait un factionnaire. Il était impossible d'échapper aux regards qui fouillaient les taillis. Après une course assez longue, je rencontrai une cinquantaine de fantassins à la tête desquels se trouvait un capitaine à qui je m'adressai. Cet officier, après avoir lu la lettre dont j'étais porteur et écouté mes explications, me dit que je pouvais sans inconvénient traverser les lignes versaillaises et gagner le village de Bièvres. Pour m'épargner des questions qui m'auraient fait perdre du temps, il me donna pour m'accompagner un sergent-major connaissant parfaitement les sentiers qui couraient à travers les bois. Nous marchâmes d'un pas pressé. Le sous-officier me raconta qu'il était du pays et qu'il connaissait tous les chemins de la forêt. Arrivés au sommet d'une colline qui domine Bièvres, le sergent me montra un sentier qui descendait en ligne droite jusqu'au village.

— Si vous voulez vous risquer sur cette pente, me dit-il, en quelques minutes vous serez à Bièvres.

Il me fit un salut militaire et me quitta.

Je posai prudemment les pieds sur les cailloux luisants, qui sortaient de leurs alvéoles au moindre choc, ce qui rendait la marche fatigante et dangereuse. J'arrivai sans accident au pied du coteau. Les soldats paraissaient étonnés de n'avoir point assisté à une chute sur le dos, qui leur eût procuré un instant de joie.

Aux premières maisons du village, je rencontrai une famille qui avait regardé ma descente, espérant, sans doute, comme les militaires, voir s'accomplir une série de culbutes plus ou moins réussies. Cette famille, ayant quitté Paris le 19 mars, était inquiète et désirait savoir ce qui s'y passait. On hésita un instant avant de m'adresser la parole ; le mari et la femme causaient tout bas ; une jeune fille me considérait curieusement, je devinais sur ses lèvres les paroles prêtes à s'échapper. Je l'avais dépassée lorsque la mère s'approcha vivement et me demanda si je venais de Paris. Je répondis affirmativement. Aussitôt les langues se délièrent, les yeux s'ouvrirent tout grands, ce fut un flot de questions. Les deux femmes causaient, me demandaient des détails sur ce qui se passait dans la capitale. A chacune de mes réponses, elles poussaient des cris où se confondaient l'étonnement et la curiosité. Je fus accompagné par ces trois personnes jusqu'au milieu du village, qui était rempli de troupes. Dans la vallée, comme à Paris, le clairon sonnait, le tambour battait, les échos répétaient ces bruits de guerre.

Après m'être reposé quelques minutes dans une auberge, je me remis en route pour Versailles. Désormais le chemin était libre. Hâtant le pas, je montai la voie qui conduit à Villacoublay. Je rencontrai des troupes se dirigeant vers Meudon et Clamart. C'était un défilé interminable d'infanterie, de cavalerie. Dans les bois, près de Versailles, on ne voyait que des tentes pointues, des gourbis de branchages, servant d'abris aux soldats. Enfin, j'arrivai à la barrière, et, après avoir traversé la partie de la ville qui s'étend jusqu'à la place d'Armes, j'entrai, exténué, dans une imprimerie de la rue Colbert où je trouvai M. Tarbé, auquel j'expliquai le but de mon voyage et remis la lettre dont je m'étais chargé.

FANTAISIES DES COMMUNEUX

I.

Avec le temps, le despotisme de la Commune s'affirmait, prenait des proportions effrayantes. On ne voyait dans les rues que fédérés armés jusqu'aux dents. Sabre au côté, pistolets à la ceinture, fusil en bandoulière, tel était l'accoutrement ordinaire de chaque homme ; des femmes même portaient cet attirail guerrier. J'avais, par prudence, changé de domicile, sachant que j'étais mal vu de mes anciens compagnons du 84e, et puis j'avais reçu du sergent-major fédéré un billet m'annonçant mon incorporation dans les compagnies de marche (1).

Tous les jours je rentrais, avec mille précautions, décrivant. pour entrer dans ma

---

(1) J'ai reproduit ce billet dans mon *Histoire de la Commune* publiée par A. Lemerre.

rue un mouvement tournant à rendre jaloux le prince Frédéric-Charles.

J'allais souvent au café du Pont-Royal, voisin des bureaux de l'*Officiel*. Les rédacteurs de cette feuille faisaient prendre des boissons dans cet établissement, mais ils ne les payaient jamais. Un jour, le garçon monta et demanda le règlement de quelques mooss ; on lui répondit que les citoyens rédacteurs ne soldaient pas leurs dépenses.

M. Longuet et ses collaborateurs se rafraîchissaient à bon marché. Au coin de la rue du Bac, au café d'Orsay, Cluseret, le délégué à la guerre, allait déjeuner presque tous les jours ; mais lui, au moins, payait sa note. Pour écrire mes articles, j'étais obligé souvent de changer cinq ou six fois de place. Dans les cafés, les officiers fédérés s'approchaient de moi, et tâchaient de lire par-dessus mon épaule. Si j'eusse montré la moindre émotion, j'aurais été arrêté dans des conditions peu agréables. Il me fallait agir avec prudence afin d'éviter un séjour forcé à la Roquette.

Les journaux de l'ordre luttaient énergiquement, malgré le danger réel que couraient leurs rédacteurs. M. Eugène Asse, au grand *Moniteur*, ne laissait point passer une turpitude de la Commune sans la relever vivement. Tous les soirs, je me rendais dans les bureaux du *Petit Moniteur*, où je trouvais M. Camille Debans et ses collaborateurs. Nous montions sur le toit en terrasse de l'hôtel et nous voyions les forts d'Issy, de Vanves, de Montrouge s'enflammer. Le canon tonnait avec rage, les mitrailleuses crépitaient, l'emplacement de ces trois citadelles ressemblait au cratère d'un volcan en éruption. Les obus allaient tomber sur les plateaux de Clamart et de Meudon, les boîtes à mitraille éclataient en l'air et éclairaient la nuit de lumières sinistres. Le lendemain, l'*Officiel* de la Commune annonçait une grande victoire. L'*Opinion nationale*, le *Bien public*, la *Cloche*, le *Français* le *Journal de Paris*, *Paris-Journal*, le *Temps*, le *Petit Journal*, le *National*, ne lâchèrent pied qu'après des suppressions successives. La plupart, suspendus une fois, reparaissaient sous un nouveau titre ; il fallut un décret de l'Hôtel-de-Ville pour empêcher ces résurrections quotidiennes des feuilles hostiles au Comité central.

A cinq ou six, nous rédigions le *National* qui fut supprimé. Il reparut sous le titre de *Journal populaire*. Le commissaire de police, Le Moussu, vint à l'imprimerie Serrière, entouré de gardes nationaux, et arrêta la publication du *National* transformé (1).

---

(1) Paris, 23 mai 1871.

Le citoyen membre de la Commune, délégué à la sûreté générale,

Considérant,

Qu'il est impossible de tolérer, au moment où des troupes versaillaises viennent d'envahir par trahison quelques parties du territoire de la ville de Paris, que

En nous quittant, ce charmant magistrat communard nous dit que ce qu'il y aurait de mieux à faire, ce serait de couper le cou aux journalistes au lieu de supprimer les journaux.

II.

L'établissement de la formidable batterie de Montretout avait terrorisé les fédérés. L'artillerie prenait en enfilade toute la ligne des fortifications depuis Auteuil jusqu'à Montrouge. Les canons des remparts furent démolis, les casemates effondrées; Passy et Auteuil n'étaient plus tenables. Un jour, les troupes fédérées croyant avoir affaire

---

des journaux soudoyés par la réaction propagent des nouvelles fausses et essayent d'induire en erreur la courageuse garde nationale de Paris,

Arrête :

Le *Journal populaire* est, et demeure supprimé jusqu'à la fin de la guerre.

Le Délégué de la sûreté générale,
Signé, FERRÉ.
Pour copie conforme,
MOUSSU.

à toute l'armée se débandèrent, ce fut un sauve-qui-peut général. Un médecin, le docteur Joba, demanda à un officier ce qu'il y avait.

— Ah! rien, répondit le porte-galons, nous nous déployons en tirailleurs.

Ce communard faisait des mots.

A l'intérieur de Paris, les excès continuaient ; on violait les sépultures dans les églises, on faisait la chasse aux réfractaires. Dans les Champs-Élysées, la grande avenue était bordée d'innombrables faisceaux; les gardes nationaux mangeaient, buvaient, se promenaient, chantaient, dormaient. Des cantinières couraient dans les groupes, débitant leurs liqueurs frelatées et répondant par des mots obscènes aux déclarations cyniques des fédérés. Au palais des Tuileries, on assistait à des orgies monstrueuses. Les gardes nationaux racolaient toutes les filles publiques de la Butte-des-Moulins et chaque soir, des bandes de ces femmes descendaient les rues de l'Évêque, d'Argenteuil, des Orties, s'engouffraient sous le guichet nord des Tuileries et pénétraient dans la cour. La salle des maréchaux, les appartements de l'empereur, de l'impératrice étaient en quelques minutes remplis d'une foule étrange, aux costumes bizarres. Le velours râpé, la soie usée, les jupons d'une blancheur équivoque, les tuniques et les képis galonnés, les grandes bottes, les sabres offraient à l'œil le spectacle le plus extravagant et le plus triste. Les femmes, jeunes ou vieilles, buvaient, dansaient, criaient, se débarrassaient d'une partie de leurs vêtements. Les hommes les embrassaient, leur prenaient la taille ; alors commençaient des saturnales qui ne finissaient que par l'épuisement des uns et des autres. Les salles étaient splendidement éclairées, les viandes abondaient ; les vins ruisselaient, les yeux pétillaient, les poitrines et les épaules nues circulaient à travers les groupes. Un endroit affectionné pour ces orgies était l'appartement de l'impératrice. Tous, hommes et femmes le voulaient. Ils croyaient, par leurs hideuses caresses, insulter la souveraine déchue. Le lendemain, les femmes regagnaient leurs bouges, quelques-unes oubliaient de se vêtir et traversaient la rue de Rivoli en chemise, des bottines aux pieds, les cheveux tombant sur les épaules, les yeux entourés d'un cercle bleuâtre, la démarche chancelante; mais toutes emportaient des épaves des Tuileries; rideaux, crépines d'or, dentelles (1), bouteilles de vins fins.

Ces excès ne pouvaient durer longtemps. L'armée libératrice approchait. Le dimanche 21 mai, on venait me dire que la porte Saint-Cloud était occupée par la troupe; j'annonçai le fait. Le soir, je rentrai chez

---

(1) Après l'entrée des troupes, la police découvrit beaucoup de ces objets chez ces voleuses. Des placards en étaient remplis.

mes parents, rue de Bussi; Paris avait toujours la même physionomie. Vers trois heures du matin, nous fûmes réveillés par un tumulte effroyable. Des bandes fédérées encombraient la rue, puis des voitures, des cavaliers qui pouvaient à peine circuler. On déménageait les ministères. Au jour, nous apprîmes que les troupes étaient au Champ-de-Mars, à l'avenue de l'Impératrice, sur la place de l'Étoile. On commença la construction des barricades.

Le surlendemain, notre quartier, délivré par les marins, se pavoisait de drapeaux tricolores. Tous les jours l'émeute perdait du terrain, se repliait sur Belleville et Ménilmontant, laissant derrière elle une traînée sanglante de cadavres et d'édifices incendiés.

III.

Après la suppression du *Journal populaire,* ma présence devenant inutile rue Notre-Dame-des-Victoires, je songeai à rejoindre ma famille. Le lundi, pour gagner l'imprimerie Serrière, j'avais dû, en quittant la rue de Bussi aller jusqu'au Jardin des Plantes et descendre les boulevards jusqu'à la rue Montmartre. Il fallait recommencer le même trajet, mais dans des conditions beaucoup plus dangereuses.

On se battait à la hauteur du nouvel Opéra, les balles sifflaient jusqu'au boulevard Montmartre, les obus éclataient sur la chaussée. Place des Victoires, à l'hôtel de la Poste des projectiles étaient tombés, sur la place de la Bourse on ne voyait personne. Les boutiques étaient fermées, un silence de mort régnait dans cette partie si animée de Paris. Je sortis de l'imprimerie par la rue Montmartre, et, suivant les rues étroites qui se dirigent vers le boulevard Sébastopol, je gagnai cette large voie. A la hauteur du square des Arts-et-Métiers. Je vis des travailleurs en grand nombre, des barricades émergeant du sol, des patrouilles de fédérés longeant les trottoirs, des femmes, des enfants, portant des pavés, arrêtant les passants, et les forçant à travailler.

Je franchis ce passage dangereux et toujours évitant soigneusement les grandes rues, j'arrivai au pont d'Austerlitz. On venait de commencer la construction d'une barricade qui barrait le quai. Un large fossé et un monticule de terre, tels étaient les commencements de cette fortification. Un garde national obligeait chaque passant à descendre dans le trou et d'en extraire dix pelletées de terre. Un malade marchait à quelques pas devant moi, s'appuyant sur le bras de sa femme qui soutenait ses pas chancelants. Le fédéré voulut le faire descendre. — Mais je ne peux pas, je relève de maladie, c'est ma première sortie. — Alors, citoyen, on ne passe pas. Le pauvre diable navré, retournait sur ses pas. Je demandai au garde national si en enlevant dix pelletées de plus le malade pouvait passer.

— Parfaitement, citoyen.

En peu de temps mon travail fut fait; nous passâmes, et mon obligé put gagner le Jardin des Plantes. Le long du boulevard Saint-Germain, beaucoup de barricades commencées, mais on croyait les versaillais encore loin et on ne se pressait pas. Rue de l'Ancienne Comédie l'activité reparaissait, au coin des rues de Seine et de Bussi les pavés amoncelés formaient déjà des défenses sérieuses. Je profitai d'un instant favorable et j'arrivai au coin des rues de Bussi et de Bourbon-le-Château. Mes parents inquiets attendaient mon retour avec impatience. Le soir toutes les portes se fermèrent, on fit ouvrir les persiennes, le moment de la lutte était proche.

Durant toute la nuit nous entendîmes les cris et les pas des fédérés. Tous les habitants du pâté de maisons compris entre les rues de l'Abbaye, Bourbon-le-Château, de Bussi et le palais abbatial redoutaient une catastrophe. Le lundi un sergent-major au 84e bataillon avait miné les égouts, pénétré dans les logements et menacé de faire sauter le quartier. Vers quatre heures du matin, la bataille recommença; on attaquait le carrefour de la Croix-Rouge. Les troupes tiraient sur les barricades avec de l'artillerie. La lutte fut terrible. A onze heures les premiers coups de fusil retentirent sur la place de l'Abbaye. Mon beau-père voulut voir quelques papiers et s'approcha de son bureau, près d'une fenêtre ouvrant sur la rue de Bussi. Deux balles percèrent une vitre et se perdirent dans le plafond. Nous nous retirâmes dans une chambre donnant sur la cour, par conséquent à l'abri des balles. La fusillade était toujours très-vive; enfin au bout d'une heure nous n'entendimes plus rien, les marins avaient tourné les barricades et refoulé les insurgés jusqu'à la rue Saint-André-des-Arts. Les portes s'ouvrirent, les maisons se pavoisèrent de drapeaux tricolores, chacun se précipita sur le trottoir acclamant les soldats, leur offrant à boire et à manger.

La rue offrait le spectacle le plus lamentable, sur les barricades étaient étendus des cadavres d'insurgés, les drapeaux rouges traînaient dans la poussière, les soldats couraient à l'attaque de nouvelles positions. Le sergent-major du 84e, qui avait défendu la barricade de la rue de Seine, était rentré à son domicile. Il chercha à se dissimuler en dépouillant le costume de garde national. Il était en train d'opérer sa transformation lorsque des soldats qui l'avaient suivi, l'arrêtèrent et le conduisirent rue de Sèvres où il fut fusillé. Ce qui explique la prise si rapide d'un quartier si formidablement défendu, c'est la présence d'esprit d'un locataire du palais abbatial qui traversa la rue de l'Abbaye à travers les balles, et dit à un officier qu'il connaissait un passage par lequel on pouvait tourner la barricade de l'entrée de la rue de Bussi, en face de la rue Gozlin. Des marins le suivirent, traversèrent le palais, gagnèrent le jardin où se trouve un puits dont la margelle est prise dans l'épaisseur du mur qui borde le passage étroit de la Petite Boucherie. D'un coup de pied, un marin enfonça la porte vermoulue qui ouvrait sur le jardin, enjamba le gouffre, grimpa le long des pierres moussues et sauta dans le passage. Il fut suivi d'une foule d'autres de ses camarades et aussitôt une maison, ayant à son rez-de-chaussée un magasin de nouveautés, occupée par la troupe, se trouva transformée en forteresse. Les fédérés pris par derrière se sauvèrent à la barricade de la rue de Seine qui se trouva également tournée.

Un capitaine du 2me fusiliers marins me raconta un fait assez bizarre. Il était entré un des premiers à la mairie du VIe arrondissement, sur la place Saint-Sulpice. Il fit quelques prisonniers, et après les avoir mis en lieu sûr, il s'installa au télégraphe. Arrive une dépêche de l'Hôtel-de-Ville demandant ce qu'il y a de nouveau dans le quartier.

« Tout va bien, répondit l'officier, Versaillais repoussés sur toute la ligne. »

L'armée avait dépassé depuis plusieurs heures la place Saint-Sulpice, que les membres de la Commune croyaient encore que les barricades de la Croix-Rouge étaient toujours en leur pouvoir. Le capitaine devinant que sa ruse ne tarderait point à être découverte, envoya le télégramme suivant :

— Les ruraux reviennent en force et menacent de nous tourner. Que faut-il faire ?

— Repliez-vous sur l'Hôtel-de-Ville et faites *sauter la boîte*.

Après avoir lu cette réponse, l'officier fit passer par les armes les individus qui étaient en son pouvoir, et qui n'avaient pas eu le temps de faire *sauter la boîte,* comme le disait le télégramme officiel, en mettant le feu aux nombreux barils de pétrole et de poudre qui étaient dans les cours de la mairie.

Le séminaire de Saint-Sulpice renfermait beaucoup de blessés fédérés. Un médecin voulut les sauver. Il descendit sur la place et jura à un officier que le séminaire ne renfermait que des blessés. Il fut convenu qu'aucune perquisition n'aurait lieu dans cet établissement ; la troupe se mettait en marche lorsque plusieurs coups de feu partirent des croisées. Un soldat fut tué, un autre atteint par une balle. Convaincu qu'il avait eu affaire à un traître, l'officier fit exécuter le médecin; les soldats exaspérés envahirent le séminaire et tuèrent les fédérés qui leur tombèrent sous la main.

Derrière l'armée éclataient des incendies, allumés par des femmes ou des enfants qui lançaient du pétrole enflammé dans les ouvertures des sous-sols donnant sur le trottoir. Beaucoup de ces misérables furent fusillés sur place. La population était tout à la fois terrifiée et exaspérée. Le lundi, des gardes fédérés avaient envahi une maison de la rue de Verneuil et chassé tous les ocataires. Deux pauvres femmes, la mère et la fille, qui occupaient une petite chambre, demandèrent d'emporter leur linge. Sans écouter leurs prières on les chassa brutalement et on enduisit les meubles et le parquet de pétrole. Dans la nuit du mardi au mercredi, lorsque le feu fut mis au carrefour de la Croix-Rouge, une bonne se sauvait en chemise vers la rue du Vieux-Colombier. Elle tenait à la main sa montre dont la chaîne pendait. Un fédéré lui prit ce modeste bijou, malgré ses larmes, et lui allongea un vigoureux coup de pied.

Ces histoires et une foule d'autres du même genre n'étaient point de nature à adoucir les passions. Puis les édifices incendiés, la flamme lourde et épaisse du pétrole qui léchait les murs, calcinait les pierres ; les barils d'huile minérale placés dans les cours, les passages, la poudre placée dans les égouts, entretenaient la colère de la foule.

LES MASSACRES DES OTAGES

Je donne textuellement ce récit adressé à M. de la Grangerie. Il est intéressant, écrit par un témoin oculaire qui a lutté courageusement jusqu'au dernier moment contre les bandits de la Commune.

A M. DARDENNE DE LA GRANGERIE,
Secrétaire général des ambulances de la presse.

Monsieur,

Dans l'affreuse tourmente que nous venons de traverser, j'ai eu l'insigne bonheur de pouvoir profiter de ma situation de pharmacien à la Roquette pour vous rendre quelques services, et c'est ainsi que les événements politiques permettent quelquefois aux hommes les plus humbles de prendre sous leur protection ceux que leur position semblait appeler pour toujours au rôle de protecteur.

Vous avez eu la bonne fortune d'échapper aux derniers dangers. En nous quittant, vous m'avez demandé de vous faire savoir ce que je deviendrai après votre départ.

J'aurais préféré raconter cela, que l'écrire, mais je viens d'apprendre que vous étiez parvenu à quitter la fournaise ; je me résigne donc à prendre la plume.

Quand vous êtes sorti, la population du dépôt de condamnés se composait de 138 gendarmes et gardiens de la paix, et de 186 détenus ordinaires. Parmi ces derniers se trouvaient quelques hommes condamnés aux travaux forcés par les conseils de guerre, qui trouvèrent moyen d'intéresser à leur sort celle qu'on appelait la générale Eudes et obtinrent d'elle leur mise en liberté sous condition de prendre les armes pour la Commune. Le général Eudes fut le plus puni dans cette affaire.

Les autres détenus furent conservés, et ce n'est pas, bien entendu , le respect de la loi qui en fut la cause. On a beau se sentir un goût particulier pour le métier de réquisitionneur, il est toujours agréable d'avoir quelque argent à sa disposition. Or notre pseudo-directeur François trouvait dans les 160 détenus qui lui restaient un moyen de battre monnaie. Il les faisait travailler, et tout le produit passait dans sa poche. Voilà la clef du mystère.

Quant aux otages militaires restants, qu'on

désignait pompeusement du nom de prisonniers de guerre, ils ne faisaient rien, mais aussi ne mangeaient guère. Pour comble de cruauté, on leur supprima à partir du 20 avril toutes communications avec leurs familles, et il ne leur fut plus permis d'en recevoir ni aliments, ni lettres, ni argent. Cette mesure me força à passer depuis ce moment presque tout mon temps à l'infirmerie, mon cabinet donnant, comme vous savez, sur la cour qui servait de promenade aux otages. C'était là qu'ils se glissaient un à un pour me faire leurs confidences et me charger de leurs commissions.

J'étais devenu homme d'affaires, commissionnaire, facteur de la poste, et quelques surveillants dévoués me servaient admirablement dans l'exécution de mes nombreuses fonctions. J'organisai ensuite à l'infirmerie une salle particulière dans laquelle je maintins constamment une dizaine de ces malheureux que je choisissais parmi ceux que le chagrin et les privations affaiblissaient le plus. Quand ils étaient un peu remontés, ils cédaient la place à d'autres. Je n'ai pas besoin de vous dire, Monsieur, que tout cela se faisait en parfaite communauté d'idées avec le docteur Decori, et s'il ne fut pas en cela mon rival au lieu d'être seulement mon complice, il ne faut l'attribuer qu'au peu de temps qu'il pouvait passer chaque jour dans la maison.

Vers le 23 avril, le nombre de nos protégés s'augmenta de trois habitants de Bagnolet, amenés dans des circonstances assez bizarres. Quelques fédérés, pris subitement d'un désir effréné de villégiature, décidèrent d'aller faire un déjeuner champêtre dans le gentil village dont la prudence ne leur permettait que la vue. De l'envie à l'exécution, pour un fédéré il n'y a qu'un pas, à moins pourtant que l'armée ne se mette au travers, et c'est ici ce qui arriva. Les héros du lapin sauté durent se contenter du menu qui leur fut offert par le Chevet du camp de Satory.

Quand cette aventure fut connue des camarades, on jura bien d'aller les délivrer, mais avant tout, on décida en guise de représailles de faire prisonniers les trois premiers habitants de Bagnolet qui entreraient dans Paris. Cette décision aussi équitable que dangereuse fut exécutée avec un courage digne des éloges de la Commune, et c'est ainsi qu'un bulletin de victoire m'apprit que ma malheureuse colonie était augmentée de trois. Le hasard voulut que parmi ces trois hommes j'en connusse un chez qui j'étais allé quelquefois; aussi ces braves gens s'accrochèrent-ils à moi comme des noyés; ils ne me quittaient pas, à peine me laissaient-ils le temps d'aller faire nos courses et les leurs, François finit par en être averti par les surveillants qu'il avait introduits en prenant possession de la maison. Il en profita pour me faire des reproches violents sur toute ma manière d'être et en fin de compte fit transférer mes trois amis au dépôt de la préfecture. Quelques jours après ils furent rendus à la liberté.

Cependant, les événements se précipitaient et la chasse aux réfractaires augmentait à mesure que diminuaient pour les fédérés les chances de durer encore longtemps.

On ne pouvait plus sortir en paletot dans les rues sans courir le risque d'être arrêté par eux ; du 10 au 15 mai, je fus ainsi appréhendé deux fois et conduit dans des postes que je trouvais remplis déjà de gens coupables du même crime que moi. J'avais eu la précaution de me faire délivrer par François un permis de circulation qui servit ces deux fois à me sortir d'embarras. On me ramenait en grognant jusqu'à la maison, et j'en étais quitte pour mon temps perdu.

Enfin, la grande nouvelle se répandit dans Paris. Nous apprîmes que l'armée avait forcé l'entrée : nous nous croyions délivrés, mais sept grand jours nous séparaient encore, sept jours pendant lesquels tant d'événements se passèrent à la Roquette. De si grands crimes y furent commis, que ma tête se perd quand je cherche à classer mes souvenirs.

Le 22 mai, au matin, 100 soldats de ligne furent amenés de la caserne du Prince-Eugène où ils étaient enfermés depuis le 18 mars.

Le 22 au soir, des voitures cellulaires amenèrent de Mazas Monseigneur l'archevêque, M. Bonjean, M. Deguerry et 35 autres otages de la Commune. Le 23 ce fut un nouveau convoi de 44 otages, venant aussi de Mazas. On évacuait cette prison dans l'intention de la faire sauter. En même temps, notre poste fut renforcé de 200 hommes des 206ᵉ et 180ᵉ bataillons fédérés.

Le 23 mai, dès le matin, je me fis conduire dans le bâtiment occupé par les nouveaux arrivés, Plusieurs se promenaient par groupes dans le corridor ; ils étaient horriblement effrayés. J'essayai de leur rendre un peu d'espoir ; puis je visitai dans leurs cellules Monseigneur Darboy, M. Bonjean, M. Deguerry, M. Bécourt, curé de Bonne-Nouvelle, et tous ceux que l'âge ou la fatigue y tenaient enfermés. J'avais depuis quelque temps imaginé un moyen qui pouvait réussir à cacher quelques personnes si la nécessité s'en présentait. Aux premiers mots que j'en dis à ces messieurs, ils me déclarèrent qu'ils n'en voulaient pas profiter et qu'ils entendaient partager jusqu'à la fin le sort de leurs compagnons. Monseigneur souffrait de palpitations et d'une affection intestinale. M. Bonjean avait une hernie qui ne lui permettait presque pas un mouvement. Je voulus les faire entrer à l'infirmerie, ils s'y refusèrent encore. Ils n'acceptèrent de moi que des médicaments que je m'empressai de leur apporter. M. Bécourt me chargea de transmettre ses dernières pensées à sa mère, s'il lui arrivait malheur, et j'ai eu la douleur d'accomplir cette triste mission.

J'avais approvisionné ma pharmacie de réconfortants de toute sorte. Je mis tout à la disposition de nos nouveaux otages ; et je ne sais si je me flatte, mais je crois que cela les a aidés à faire grande figure devant la mort. J'étais peiné de ce que personne n'acceptait un refuge à mon infirmerie. Je crois que M. Chevriaux, proviseur du lycée de Vanves, y consentit surtout pour m'être agréable.

Le 24, vers 6 heures du soir, j'étais à la fenêtre de mon appartement qui donne sur la première cour, quand je vis arriver par groupes de 10 à 12 une cinquantaine de fédérés en costume de volontaires. Par extraordinaire, ils ne semblaient point ivres et causaient tout bas entre eux en essayant les batteries de leurs fusils. L'ún deux m'aperçut à ma fenêtre et me mit en joue. Ils pénétrèrent ensuite dans la maison, et je m'empressai de descendre pour m'informer de ce qu'ils venaient faire. J'appris alors qu'un bataillon fédéré avait été détruit presque tout entier dans les environs de la rue Royale (1) et que les survivants étaient arrivés ivres de colère à la mairie du XIe arrondissement pour exiger le massacre des otages. On en sacrifiait six à leur vengeance.

---

(1) Rue Royale au Marais.

J'étais atteré par cette nouvelle, quand le bruit d'un feu roulant arrivant jusqu'à moi vint m'apprendre que le sang le plus généreux venait d'être versé.

A partir de ce moment, le plus grand désordre régna dans la maison. Le masque était jeté, tout était rouge autour de nous, le sang à nos pieds, l'incendie dans l'horizon, le bruit incessant du canon et de la fusillade dans toutes les directions, nous ne pouvions plus faire un mouvement sans être menacés du révolver ou du fusil. Les vivres aussi manquaient François passait ses journées à réquisitionner de la viande et du vin dans le quartier. Le soir, je le voyais sortir le fusil sur l'épaule pour ne rentrer que le matin, couvert de poussière et de sang; il dormait une heure ou deux, puis reprenait sa vie fiévreuse. Jusqu'au 24 mai, il avait feint quelques sentiments d'humanité. Depuis l'assassinat, il ne faisait plus mystère de sa férocité. On lui dit le 25 qu'il n'y avait plus de vivres pour les otages, il leur envoya annoncer qu'ils auraient du plomb pour dîner.

Les vivres qu'il recueillait dans ses expéditions ne devaient être consommés qu'à sa table ou par le poste. Un jour, il ramena 100 kil. de viande fraîche, et le cuisinier lui témoignait à cette vue sa satisfaction de pouvoir donner enfin quelque chose de bon aux prisonniers. « Non, non, répondit-il, je vous le défends. Tout cela c'est pour moi. »

Le 25 au matin, le banquier Jecker fut extrait pour être conduit au président de la cour martiale établie par la Commune. Je viens d'apprendre qu'il a été assassiné en chemin par son escorte.

Toute cette journée du 25 se passa dans la maison en transes terribles. Les prêtres se promenaient deux à deux dans les murs de ronde, s'administrant entre eux les derniers sacrements et offrant à leurs compagnons civils les secours de la religion. Quand la terre cède sous les pas, on cherche à s'accrocher au ciel.

Le 26 devait être marqué par un crime au moins égal à celui du 24. Les victimes étaient moins illustres, mais combien plus nombreuses elles furent ! Le brigadier Romain posté au centre de la 4e division cria d'une fois forte : « Allons, il en faut *quinze* » ; et il appela 10 prêtres et 5 civils, puis passant à l'autre bâtiment, il fit descendre 38 gendarmes ou sergents de ville. J'étais à ce moment à mon cabinet, mon surveillant vint me dire qu'on emmenait 2 gardes de Paris de l'infirmerie ; je courus à François ; on est bien fort dans ces moments-là, je protestai avec tant d'énergie contre ce comble d'infamie que je parvins à me les faire rendre, et c'est ainsi qu'il n'y eut que 51 fusillés à la rue Haxo.

Cependant les bataillons fédérés passaient et repassaient dans la rue de la Roquette, mais quels bataillons! quinze ou vingt hommes autour d'une loque rouge, des fanatiques ceux-là, hurlant vengeance, criant comme toujours à la trahison. Ils montaient aû Père Lachaise pour y dresser et défendre leurs dernières batteries. Bientôt le tapage commença, c'était à devenir fou et sourd. Les artilleurs avinés du Père Lachaise tiraient sur nous, croyant tirer sur l'armée, et l'armée nous le rendait, croyant le rendre au Père Lachaise. Mon logement n'était plus habitable ni le jour ni la nuit; je dus prendre le parti de coucher dans la cuisine. Nous étions là quatre, étendus sur des matelas; attendant la mort ou la délivrance.

Le 27, les affaires de la Commune étaient au plus bas. Les égarés qui siégeaient depuis quelques jours à la mairie du XIe arrondissement se replièrent encore sur la Roquette. Il arriva une dizaine de personnages à cocardes et ceintures rouges accompagnés d'un fourgon de la Cie P-L-M. sur lequel était une caisse en bois très lourde et qu'ils surveillaient si tendrement que je crois fort qu'elle contenait les dépouilles de notre trésor. Toutes ces personnes une fois entrées au greffe commencèrent par donner l'ordre de faire descendre les otages; des 100 soldats entrés le 22, une cinquantaine environ répondirent à l'appel et allèrent rejoindre ceux qui étaient déjà enfermés à la prison des jeunes détenus. Les autres refusèrent obstinément de descendre de leurs sections et s'y barricadèrent, aidés en cela par nos surveillants.

Cependant le temps pressait toujours et nos communeux, après avoir tenu un instant conseil, décidèrent que deux d'entre eux se déguiseraient en femmes pendant que le reste évacuerait la maison. Je vis en effet sortir deux individus habillés de robes de soie, avec d'énormes chignons sur la tête ; le reste de la bande suivit, emmenant avec elle le directeur, François et tout le poste, et annonçant qu'on attendait 40,000 hommes de renfort venant de Belleville, et que dans la soirée on reviendrait pour tout massacrer. Ce fut alors le signal d'un sauve qui peut général ; en un clin dœil toutes les portes furent ouvertes, tous les condamnés prirent la fuite, et tous les otages aussi, à l'exception de ceux qui s'étaient barricadés.

Rien de lamentable comme cette sortie. Les pauvres prêtres qui n'avaient pas d'habits civils suppliaient qu'on leur en donnât ; tout ce que j'avais de vieux vêtements y passa, et les neufs ensuite, et je n'en eus pas assez pour couvrir tous ceux qui en manquaient. Vous avez appris déjà, Monsieur, que c'est en cherchant ainsi à échapper au danger que trouvèrent la mort à deux pas de nous MM. Bécourt, Surat, Chaulieu, le père Houillon et tant d'autres.

Pendant que la Commune était installée ici, on avait amené à sa suite quelques blessés fédérés, et on me requit pour les panser; quand cette besogne fut terminée, je pris congé d'eux en prétextant que j'avais à faire mon service près des détenus. Une cantinière voulut s'y opposer et se mit à ameuter ses compagnons contre moi, en disant que j'étais un versaillais et que je n'avais de souci que pour les otages. Je vis le moment où j'allais être remercié de mes soins par des coups de fusil.

Le soir vers 8 heures, François reparut escorté d'une douzaine d'hommes qui prirent position à l'entrée du premier guichet. Le poste était tellement encombré de toutes sortes d'ustensiles qu'on ne pouvait plus y entrer. En voyant la maison abandonnée, le directeur se mit dans une violente colère, mit son pistolet sur le front d'un de nos surveillants qu'il rencontra et ressortit enfin lui-même pour ne plus revenir. Sa malheureuse femme qu'il avait abandonnée dans son logement avec ses deux petits enfants, descendit vers minuit trouver le cuisinier et lui demanda asile pour le reste de la nuit.

Cette affreuse journée devait être pour moi pleine d'émotions fortes. Un des douze fédérés ramené par François se voyant libre dans ses mouvements, se mit en devoir de déménager tout ce qu'il trouvait à sa convenance dans le poste ou dans la cour. Je le voyais opérer de ma fenêtre et je ne pus m'empêcher de l'apostropher pour cela assez violemment ; pour toute réponse, il bondit sur son fusil et me coucha en joue. Je n'eus que le temps de me dissimuler derrière la muraille. C'est ainsi qu'au moment précis où la Commune rendait son dernier soupir, je faillis aussi exhaler le mien.

Enfin, le 28 mai, à 4 heures du matin, les portes furent ébranlées fortement ; un capitaine de frégate, suivi de ses marins, fit irruption dans la maison. Nous étions sauvés. Il était temps.

Veuillez agréer, etc.

Signé : TRENCART,

Pharmacien interne à la Roquette.

Voici le rapport du directeur de la Roquette au préfet de police.

Paris, le 19 juillet 1871.

Monsieur le Préfet,

Par votre dépêche en date du 27 courant, vous me faites l'honneur de me demander quels sont ceux des employés du dépôt de condamnés qui se sont distingués pendant la Commune par leur courage et les services qu'ils ont rendus aux otages.

Je crois devoir vous signaler en première ligne MM. *Trencart*, pharmacien, et *Voyer*, cuisinier. Les surveillants *Henrion*, *Jeannart* et *Cabot* se sont signalés également par leur attitude pleine de dignité et de courage en face de cette émeute de deux mois et par leur souci constant d'être utiles aux malheureux otages. Il n'y a pas de faits particuliers et saillants à relever au profit des surveillants *Giuseppi*, *Gottmann*, *Pourche*, *Bausset* et *Latour*, il n'en est pas moins constant que ces agents, en contact moins fréquent avec les otages, n'ont pas laissé passer une occasion de leur témoigner leurs sympathies et de leur prodiguer des marques de respect et des soins dont tous ceux que j'ai vus depuis sont unanimes à témoigner.

M. *Trencart*, par sa position et ses fonctions, était naturellement désigné aux otages comme celui des employés auquel ils pouvaient témoigner le plus de confiance. Aussi l'administration ne saura-t-elle jamais s'applaudir assez d'avoir eu la pensée de l'inviter à rester à son poste. Personne mieux que lui n'a compris quelle belle mission il avait à remplir. Au lendemain de notre expulsion violente de la maison, une première colonne de près de cent gardes républicains et gardiens de la paix fut amenée au dépôt de condamnés. M. *Trencart* ne manqua pas un jour d'aller les visiter tous dans leurs cellules, entretenant leur courage et les réconfortant, quand il les voyait faiblir, par ces petites douceurs qu'un pharmacien intelligent sait toujours trouver dans son officine.

L'administration de la Commune prit souvent ombrage de ces visites trop fréquentes à son gré. M. *Trencart* ne s'en émut jamais.

M. Dardenne de la Grangerie fut amené le 6 avril. Un ordre pénal portait qu'il devait être avec les autres condamnés et qu'il subirait la loi commune. Le soir même, à 11 heures, M. *Trencart* est monté à sa chambrée et de son autorité privée l'emmena et l'installa dans une salle à part de l'infirmerie. Il se mit ensuite en rapport avec son chef ambulancier, et ils commencèrent ensemble, près de Raoul Rigault et du comité central, les démarches auxquelles M. Dardenne dut sa liberté.

Le courage et le dévouement de M. *Trencart*

trouvèrent un nouvel aliment sur les derniers jours quand furent amenées les grandes victimes qui devaient succomber les premières aux coups des assassins. M. le président Bonjean et Mgr Darboy furent l'objet de ses soins les plus minutieux. Ces deux personnages étaient très-souffrants, il fit tout son possible pour les faire rentrer à l'infirmerie ; il leur fit entrevoir que là seulement était leur salut.

Dans la journée du 24, le canon de notre armée grondait déjà au cœur de Paris. M. *Trencart* avait entendu proférer des menaces terribles contre les otages, il monta encore près de M. Darboy, et là, assis tous deux sur le lit de la cellule, il fit des efforts inouïs pour le décider à quitter cette chambre et entrer à l'infirmerie où dans sa pensée les assassins n'oseraient pas venir le prendre. Ni M. Bonjean, ni Monseigneur Darboy, ne voulurent consentir à se séparer de leurs compagnons. M. Chevriaux, proviseur du lycée de Vanves, et à qui M. *Trencar* avait pu faire adopter cette proposition, doit peut-être la vie à cette heureuse précaution.

M. Rabut, commissaire de police, conservera longtemps, j'en suis sûr, le souvenir du généreux vin de Bagnols de notre pharmacie, et des visites encourageantes de notre pharmacien. Dans la journée du 26, plusieurs gardes nationaux blessés avaient été amenés du dépôt de condamnés, et M. *Trencart*, avait été requis pour les soigner ; il n'en abandonna pas pour cela les soins de ses chers otages; une cantinière s'en aperçut même et l'apostropha insolemment en le désignant à la colère de ses compagnons. Il eut le bonheur d'échapper à ce danger. Quand enfin, dans la soirée du 27, les portes de la prison furent ouvertes et que les otages survivants se précipitèrent au dehors, presque tout le vestiaire de M. *Trencart* passa à déguiser les prêtres qui n'avaient pas d'habits civils. Je sais qu'il a les mains pleines de lettres de remerciment de la plupart de ces messieurs; c'est pour lui un trésor précieux qu'il considère comme la seule récompense de sa conduite. Je vous demande, M. le Préfet, de ne pas être d'acord avec lui sur ce point.

J'ai cité après M. *Trencart* le sieur *Voyer Magloire*, cuisinier. Cet homme ne fait pas précisément partie du personnel de la maison; néanmoins, depuis que le service des vivres se fait en règle, il est accrédité et payé par l'administration. Les services rendus par le sieur *Voyer* sont d'une nature toute particulière. Les otages ont été *bien malheureux* à la Roquette; sans l'intelligente intervention du cuisinier, ils l'eussent été cent fois plus. Les gens de la Commune avaient daigné considérer les gardes républicains comme militaires, mais ils refusaient cette qualification aux gardiens de la paix. Les gardes républicains devaient recevoir les vivres de campagne, c'est-à-dire, vin, viande et café tous les jours. Les autres étaient astreints au régime des condamnés. Les clefs de tous les magasins avaient été retirées au sieur *Voyer*; il recevait directement de la main des soi-disants greffiers ou brigadiers les vivres qu'il devait préparer et distribuer aux otages. Il était aussi astreint à préparer les aliments du poste et des employés communeux de la maison. La ration de viande des gardes républicains était très-souvent remplacée par de la morue, mais quand elle arrivait, il en manquait toujours la moité au moins, la viande était toujours du cheval salé et tellement corrompue qu'il était la plupart du temps impossible d'en tirer parti.

J'ai à peine besoin de dire que le vin destiné aux otages subissait entre les mains des fédérés une préparation qui en faisait toute autre chose qu'un réconfortant. Dans de telles conditions le régime de faveur fait aux militaires n'était plus qu'une amère dérision, et ils seraient morts de faim sans les secours qu'ils recevaient du dehors et surtout sans les ruses ingénieuses du cuisinier. Nombre de fois, les vivres destinés aux otages furent par lui servis aux fédérés et réciproquement. Tous les jours il fit distribuer aux militaires une soupe à laquelle ils n'avaient pas droit, tous les jours il servait du café aux gardiens de la paix et ce café était pris sur celui du poste. A ceux qui étaient à l'infirmerie il supprima complètement les viandes salées et le vin frelaté. Il prélevait sur le diner des invités du pseudo-directeur, le bouillon, le rôti et le vin qu'ils recevaient. Ai-je besoin de dire, Monsieur le Préfet, que ces services, pour être d'un ordre moins relevé que ceux rendus par M. *Trencart*, n'en sont pas moins très-méritoires ; le sieur *Voyer* s'exposait ainsi tous les jours aux colères des fédérés, et surveillé qu'il était par les brigadiers de la maison, j'estime que son courage n'a eu d'égal que son habileté.

Les surveillants *Henrion*, *Jeannard* et *Cabot* se sont aussi signalés, ai-je dit, par leur courage et leurs services.

Henrion, ancien garde de Paris, lui-même, supportait avec rage la vue de ce qui se passait ; la prudence lui conseillait de dissimuler ce sentiment, mais bien souvent il l'oubliait, et il ne craignit pas de reprocher plusieurs fois très-violemment aux brigadiers *Romain* et *Picon* leur conduite odieuse à l'égard des gardes républicains et gardiens de la paix. Un mot de ceux-ci aurait pu faire passer *Henrion* dans la catégorie de ses protégés. Il eut la bonne fortune d'échapper à ce danger et de se maintenir presque jusqu'à la fin, au guichet du greffe, où il se trouvait en rapport direct avec les visiteurs des otages ; il était là à même de leur procurer bien des faveurs et il ne s'en priva pas. Il soustrayait au visa du greffe toutes les lettres qu'on lui recommandait et les portait souvent lui-même à destination. Il employait ses heures de liberté à aller chercher des provisions aux malheureux qui n'ayant pas de parents en ville ne pouvaient pas comme les autres se faire apporter des suppléments de nourriture. Enfin, quand les bourreaux entrèrent dans la maison pour fusiller les six premiers otages, *Henrion* leur reprocha publiquement l'acte infâme qu'ils allaient commettre, et pour ne pas avoir à ouvrir la porte à ces monstres, il jeta au fond d'une armoire son trousseau de clefs et quitta la maison.

Jeannard a eu la bonne fortune de trouver parmi les otages M. l'abbé Moléon, curé de St-Séverin, qu'il avait connu lors de la première communion d'un de ses enfants. Ce digne prêtre devint l'objet de ses soins ; il lui apporta régulièrement ses repas préparés par sa femme, et quand arriva le 27 mai, il le couvrit de ses vêtements et l'emmena au travers des fédérés qui encombraient la rue, jusque dans son logement ; il le tint caché là pendant une nuit. J'ai trouvé une lettre de M. l'abbé Moléon adressée à mon prédécesseur et qui témoigne du service immense et désintéressé qui lui a été rendu par *Jeannard*.

Le surveillant *Cabot* avait conservé son poste au guichet d'entrée qui se trouve en face du corps-de-garde. Il était obsédé constamment par les visites de ces ivrognes qui s'obstinaient à vouloir lui tenir compagnie. *Cabot* est un vieux soldat qui a conservé la religion du devoir et de la consigne ; la façon fantaisiste dont les gardes nationaux ont toujours compris le service avait le don d'irriter au dernier point cet honnête employé. Nous avons tous été témoins pendant le siège de la manière comique, alors, dont il traitait tous ceux qui venaient près de lui faire parade de leurs galons et de leurs grades; sa colère n'a plus eu de répit pendant la Commune; aussi ses camarades redoutaient-ils chaque jour qu'il ne lui arrivât malheur. Quand dans la soirée du 26 on fit sortir les 51 malheureux qui devaient être quelques heures plus tard fusillés à Belleville, un des pères Jésuites qui était en tête du cortége s'arrêta près de lui et lui confia un livre d'heures annoté de ses mains. Le capitaine fédéré Vérecq, chef du poste, celui-là même qui deux jours avant avait commandé le feu sur les six premiers martyrs, le capitaine Vérecq, dis-je, vint arracher ce livre des mains de *Cabot*, l'emporta dans le poste et le jeta au feu. *Cabot* alla lui-même arracher ce livre aux flammes et déclara qu'il lui avait été confié et qu'il le garderait. Quelques jours après, on vint le lui réclamer de la part de la famille du Maréchal de Mac-Mahon. Je pense que vous trouverez bon, Monsieur le Préfet, que je n'aie pas passé sous silence la conduite courageuse du surveillant *Cabot*.

Je ne veux pas terminer ce rapport, déjà long, sans insister de nouveau sur la conduite constamment courageuse et toujours digne des sieurs *Giuseppi*, *Gottmann*, *Bausset*, *Bourguignon*, *Pourche et Latour*. Je n'ai pas de faits particuliers à citer pour chacun d'eux, il est pourtant de notoriété dans la maison qu'ils ont su se faire respecter de leurs chefs improvisés et qu'ils ont acquis au corps des surveillants tout entier la reconnaissance des otages de la Commune. Ces agents étaient jusqu'ici très bien notés, leur conduite pendant cette période funeste a justifié la confiance et l'estime qu'on avait précédemment mises en eux.

Je suis, Monsieur le Préfet, avec le plus profond respect, etc. (1).

---

(1) Le nom du cuisinier Voyer est cité plusieurs fois avec éloge dans le rapport de M. Trancart et le rapport du directeur de la Roquette, c'est grâce à sa présence d'esprit que la femme de François ne fut pas fusillée. Les soldats savaient qu'elle n'avait point quitté la Roquette où son mari l'avait abandonnée.

Elle se trouvait dans la chambre du cuisinier lorsque les soldats y pénétrèrent; ils voulaient l'emmener. Voyer protesta en disant qu'elle était sa femme.

— Pourquoi alors ne couche-t-elle pas avec vous? demanda un des militaires, en montrant les lits.

Cette question embarrassa un instant Voyer, mais il reprit bientôt son sangfroid, et comme la malheureuse était d'une laideur

Ce document est accompagné des noms des victimes et de la date de leur exécution :

LE 24 MAI

Darboy (Monseigneur) ;
Deguerry, curé de la Madeleine ;
Clerc, jésuite ;
Ducoudray, Père jésuite (supérieur rue Lhomond).
Allard, missionnaire ;
Bonjean, sénateur.

LE 25 MAI

Jecker, banquier.

LE 26 MAI

Père Caubert, jésuite ;
— Olivain, jésuite (supérieur rue de Sèvres) ;
— Radigue, jésuite de Picpus ;
— Tuffier, —

Fusillés à Belleville :

— Rouchouze, jésuite de Picpus,
— Tardieu, jésuite de Picpus ;
Abbé Planchat, prêtre,
— Segneuret, séminariste,
} sortis de la maison de la Roquette le même jour avec 35 gendarmes.
— Sabatier, vicaire de Notre-Dame-de-Lorette ;

---

atroce, il prit le soldat par le bras et lui montrant du doigt la figure de la pauvre femme, il dit :
— Coucheriez-vous avec elle, vous ?
Le militaire recula épouvanté et se retira avec ses hommes.

Ruault;
Largillière;
Dereste, officier de paix.

Noms des 39 gardes fusillés à Belleville :

Genty,	sous-officier.	Carlotte,	garde.
Garaudet,	—	Condeville,	—
Pons,	brigadier.	Veis,	—
Millotte,	—	Villemin,	—
Cousin,	—	Faber,	—
Bernoux,	—	Paul,	—
Poireau,	garde.	Colombani,	—
Riollaux,	—	Chapuis,	—
Breton,	—	Dupré,	—
Pauly,	—	Branherdini,	—
Keller,	—	Doublet,	—
Valter,	—	Fucher,	—
Ducros,	—	Bodin,	—
Bélamy,	—	Daynié,	—
Cousin,	—	Mongenat,	—
Fouris,	—	Valette,	—
Pourteaux,	—	Morchette,	—
Mannoni,	—	Schote,	—
Mouillé,	—	Marguerite.	—
Marty,	—		

EXÉCUTION DE JECKER

Le nom de ce banquier se trouve dans la liste des victimes reproduite plus haut. Une feuille radicale, les *Droits de l'Homme*, dans son numéro du 19 janvier 1877, a donné des détails sur cet assassinat, détails qui ont sans doute été fournis par un des assassins qui a pu se mettre à l'abri des poursuites. Il y a bien de l'exagération dans la conversation échangée, soi-disant, entre le fédéré et sa victime, mais le fond est certainement vrai. La reproduction de cet article, qui a amené la suspension pour six mois des *Droits de l'Homme*, est intéressante :

De passage à Bruxelles, dans les derniers jours de septembre, je rencontrai, au détour d'une rue, Armand X.., un vieil ami du quartier Latin dont j'avais perdu la trace depuis les événements de la Commune. Je le croyais, comme tant d'autres morts inconnus, tombé dans la fosse commune ; aussi notre rencontre fut-elle, pour nous deux, ce qu'on appelle une des grandes joies de la vie.

Eprouvant un besoin mutuel de causer à notre aise, nous entrâmes dans une brasserie, et, les coudes sur la table, un pot de faro entre nous deux, nous épuisâmes en moins d'une heure le *stock* de nos souvenirs. Je ne sais à quel propos, dans notre conversation à bâtons rompus, nous vînmes à parler des otages légendaires de la Roquette . . .

— En tout cas, disais-je, il en est un, fusillé pourtant avec eux, et dont personne par pudeur n'ose prononcer le nom.

— Lequel ? demanda Armand.

— L'horrible Jecker.

— Jecker n'a pas été fusillé avec les otages.

— Qu'en sais-tu ?

— Ce que j'en sais... Ecoute et ne m'interromps pas :

« C'était le matin du 26 mai ; il était sept heures à peine, pas de soleil et une pluie fine, une espèce de bruine glacée qui nous pénétrait jusqu'à la moelle des os. J'étais à cette heure et ce matin à la barricade de la barrière du Trône, avec... »

Il s'interrompit brusquement.

— Si un jour tu publies ce que je vais te raconter, ne cite en aucun cas les noms de mes compagnons ni le mien. Tu les connais tous ; sur cinq, trois sont morts.

J'étais donc à la barricade avec celui que tu connais tout comme moi, et que, pour la facilité de ton récit, tu pourras appeler « l'homme », un des survivants. Il y avait à peu près une demi-heure que nous répondions de notre mieux au feu des soldats de Versailles, et déjà nos cartouches étaient presque épuisées.

— Ce que nous faisons là, dit « l'homme », de sa voix dure et brève, en frappant le pavé de la crosse de son fusil, est de la vraie bouillie pour les chats ; une barricade sans canon est une barricade bientôt prise, et la nôtre est dans ce cas. Veux-tu venir avec moi, Armand ? nous aurons à la mairie du onzième tout ce que nous voudrons, un ordre sera vite signé ; les pièces amenées au galop, mises vivement en batterie, et alors la danse des pantalons rouges commencera.

— Tu as raison, lui dis-je, partons, et partons tout de suite pour revenir le plus tôt possible.

Trois camarades qui étaient là et avaient entendu la proposition de « l'homme » se joignirent à nous, et nous nous dirigeâmes au pas accéléré vers la mairie du onzième arrondissement.

« L'homme », tout en marchant, me disait de sa voix brève : « Vois tu, Armand, il nous faut des canons ; c'est bien, on les aura ; mais il nous faut autre chose encore. Ils sont là à la Roquette une bande de jésuites et de mouchards, des brigands avec qui nous aurons à compter, si l'affaire tourne mal, et elle me paraît rudement compromise. Je ne sais ce que feront ou ne feront par ces gens de la mairie ; mais il est, en tout cas, un de ces otages qui ne m'échappera pas, et dussé-je le fusiler tout seul, je le ferai.

— Lequel donc ? demandai-je.

— Lequel ? répondit-il en laissant tomber sa main sur mon épaule, un criminel dont il faut faire justice, l'homme du Mexique, le misérable dont a joué le Morny pour lancer la France dans l'horrible guerre que tu sais, le hideux Jecker, enfin.

— Jecker ! murmurai-je, mais je ne le savais pas même arrêté.

— Il l'a été dans les premiers jours d'avril. Connais-tu les détails de son arrestation ?

— Non.

— Eh bien, je puis te les raconter de la façon la plus exacte.

J'étais, dans les premiers jours d'avril, dans le cabinet de Raoul Rigault, à la préfecture de police, pour je ne sais quelle affaire. Un employé entra et lui parla à voix basse, en lui mettant un papier entre les mains : « Adressez-vous au citoyen délégué, » fit il-en se retournent vers un individu qui était entré dernière lui.

Celui-ci s'approcha du bureau de Rigault, qui lisait attentivement le passeport que venait de lui remettre l'employé. C'était un homme grand et maigre, de cinquante à cinquante-cinq ans à peu près. Sanglé dans une redingote noire, son chapeau à haute forme à la main, figure longue et œil trouble, ses cheveux grisonnants coupés court ; il était rasé comme un prêtre et semblait gêné dans ses vêtements. Rigault lui lança à deux ou trois reprises un regard aigu à travers son binocle, tout en prenant des prises de tabac coup sur coup :

— Vous demandez, citoyen, fit-il de sa voix narquoise, un sauf-conduit pour sortir de Paris.

— Oui, monsi... citoyen, pardon !

— Il n'y a pas de mal, ricana Rigault, manque d'habitude ; et vous vous nommez ?

— Je .. je... me nomme... permettez.... pardon.

— Je vois ce que c'est. Vous êtes un peu troublé, ou plutot fort troublé, puisque vous ne savez même pas votre nom..... Vous vous nommez ?

L'homme roulait des yeux égarés et eut un geste de désespoir. Le délégué tira violemment le cordon de la sonnette qui était à la portée de sa main. Un employé parut; il lui donna un ordre à voix basse, et deux minutes après un sergent et quatre fédérés entraient dans le cabinet :

— Cet homme au secret le plus absolu! je vous dirai votre nom dans quelques heures, citoyen, dit-il en raillant au prisonnier, qui, flageolant sur ses jambes, suivait les fédérés.

— Tu le connais donc? demandai-je.

— Pas le moins du monde. Ce qu'il y a de sûr, c'est qu'un homme n'oublie pas son nom, qu'il a un faux passeport, par conséquent intérêt à se cacher; ça m'a l'air d'être quelque curé en bourgeois, il en a toutes les allures. Oh! je saurai bien qui c'est.

Trois ou quatre jours après, je le rencontrai à l'Hôtel-de-Ville.

— Eh bien! lui dis-je, et l'homme de l'autre jour, l'homme sans nom, as-tu découvert qui cela peut être?

— Oui! oui, parfaitement, une forte prise que j'ai faite là, mon vieux. Ce citoyen rusé n'est autre chose que... je te le donnerais en cinq cent mille que tu ne le devinerais pas..... Ce brave M. Jecker!

— Jecker! l'homme du Mexique!

— Comme tu dis, ricana-t-il en prisant avec furie, et je t'assure que le médecin qui soigne ce monsieur dit qu'il est bien malade.

Nous étions arrivés devant la porte de la mairie.

— Attendez-moi là, dit « l'homme ». Je n'en ai pas pour longtemps.

Nous attendions, appuyés sur nos fusils. Le commandant de la barricade de la barrière du Trône venait vers nous au galop.

— Et les canons ?... nous cria-t-il de loin.

— Patience, lui répondis-je, « l'homme » est monté depuis à peu près un quart d'heure, il ne peut tarder à revenir.

Cinq minutes après, il venait vers nous, brandissant un papier de chaque main.

— Tu as bien fait de venir, dit-il au commandant. Voilà l'ordre pour les canons ; occupe-toi de cela ; nous te rejoindrons dans une heure ou deux ; nous avons, nous, une autre besogne à faire. Voici l'ordre d'aller à la Roquette, de prendre Jecker et de le fusiller. Qui est-ce qui vient ?

— Tous, répondîmes-nous d'une seule voix.

— Tous, non : pas toi, dit-il au commandant en lui remettant l'ordre. Va chercher les pièces, et le plus vite possible. Tu sais si ça presse.

— Je le sais, répondit celui-ci en s'éloignant au pas gymnastique.

— Et nous, citoyens, dit « l'homme », à la Roquette !

Huit heures sonnaient comme nous arrivions à la prison. La pluie continuait à tomber fine et froide. « L'homme » sonna, et la porte s'ouvrit toute grande devant nous.

Un gardien vint à notre rencontre.

— Où est François (1) ? demanda « l'homme. »

— Le citoyen directeur ?

— Oui.

— Il doit être chez lui.

— Dites-lui de descendre, nous l'attendons au greffe. Affaire urgente et importante.

Le gardien tourna les talons. Quelques minutes après, le directeur François nous rejoignait.

Après un échange de poignées de mains, François et « l'homme » étaient de vieux amis.

— Tu as Jecker, ici ? demanda celui-ci.

— Oui.

— Envoie-le chercher par un gardien et fais-nous-le amener.

— Bien, tu as...

— Un ordre ? Parfaitement, lis.

Le directeur lut et relut les deux lignes, la date, la signature. Je le regardais en ce moment : il était pâle, le papier tremblait dans sa main.

— En règle ! murmura-t-il ; qui est-ce qui va le fusiller ?

— Les amis et moi, répondit « l'homme. »

François pressa le bouton d'un timbre, un gardien parut.

---

(1) Fusillé depuis à Satory.

- Vous connaissez, fit-il, la cellule et le numéro de Jecker ?

— Oui , citoyen directeur. Ce prisonnier est dans ma division.

— Amenez-le.

Le gardien pirouetta sur ses talons et sortit.

— Il faudrait me donner un reçu du prisonnier, dit François à « l'homme. »

— Bon, fit-il ; faut-il que nous le signions tous ce reçu ?

— C'est inutile, ton nom suffira.

« L'homme » griffonna quelques mots sur une feuille arrachée de son calepin, et la lui tendit.

— Bien, dit François après avoir lu. Les formalités sont remplies. Une vilaine matinée pour ce pauvre M. Jecker ; il m'offrait hier un million pour le faire évader, et il est resté tout ahuri, quand je lui ai ri au nez pour toute réponse.

La porte s'ouvrit, le gardien et le prisonnier parurent ; il se fit un grand silence.

— Jecker, fit « l'homme », de cette voix brève et dure que tu connais, votre dernière heure a sonné ; j'ai l'ordre de vous faire fusiller. Tâchez de mourir plus proprement que vous n'avez vécu, en homme, si c'est possible.

Livide, le prisonnier nous regardait d'un œil atone, une teinte verdâtre s'étendait sur ses traits ; pas un mot ne sortit de sa bouche.

— Etes-vous prêt ? demanda « l'homme. »

— Je le suis.

— Alors, en route ?

Nous sortîmes de la Roquette. Toujours la même pluie froide qui ne cessa que dans la soirée. Enveloppé par nous quatre qui, le chassepot sur l'épaule, le serrions de près et précédé d'un commandant, le revolver au poing, Jecker, les yeux baissés, marchait d'un pas ferme ; il portait exactement le même costume que le jour de son arrestation.

A la première barricade, le capitaine qui la commandait s'approcha de nous.

— Où allez-vous comme ça ? demanda-t-il.

— Nous allons fusiller cet homme, répondit le commandant.

— Cet homme, qui diable c'est-il ?

— Jecker.

— L'homme du Mexique !

— Oui.

— Avez-vous besoin de monde ?

— Non, merci, nous sommes assez.

Cette conversation, à peu de chose près, se renouvela à chaque barricade.

Nous arrivâmes enfin sur l'ancien terrain des plâtriers de la barrière des Amandiers, entre le Père Lachaise et la butte de Belleville. Il y avait là, à 5 ou 600 mètres des fortifications, une espèce de villa abandonnée jetée dans une prairie ; à la base du mur de six pieds qui clôturait cette propriété de je ne sais quel petit bourgeois, était creusé un fossé profond.

« L'homme » jeta un regard autour de lui :

— Nous sommes rendus, dit-il ; c'est ici.

Les crosses de nos quatre fusils résonnèrent en touchant la terre.

« L'homme » se tourna vers Jecker :

— Là, fit-il, en lui montrant le mur du doigt.

Celui ci, muet et livide, l'œil vague la lèvre pendante, se dirigea d'un pas d'automate vers le point désigné, jeta son chapeau à terre et se croisa les bras.

Au moment où nos fusils s'abaissèrent :

— Ne me manquez...

Il n'acheva pas sa phrase. Les quatre balles frappèrent en pleine poitrine, l'homme plia sur ses jarrets et tomba à la renverse.

Le commandant s'approcha de lui, et, comme coup de grâce, lui cassa la tête d'un coup de revolver.

Une douzaine d'affreux gamins qui nous avaient suivis de loin s'étaient approchés.

— Que voulez-vous, tas de vermines ? dit « l'homme » de sa voix dure.

— Nous voulions vous demander, citoyen, dit, la casquette à la main, l'orateur de la bande, avec son accent trainard de gavroche parisien, ce qu'il faut faire du corps du fusillé.

— Ce qu'il faut en faire ? gronda «l'homme.» Au fossé, comme Maximilien son maitre ! Jetez-le là, tas de drôles, et nous, citoyens, laissons là cette charogne !

Voilà, mon cher, comment est mort, sans phrases, le misérable Jecker !

. . . .

. . . .

J'avais promis à mon ami Armand de publier ce récit écrit sous sa dictée.

Je viens d'exécuter ma promesse. »

Paris, le 5 janvier 1877.

JACQUES MEYLAN.

Le véritablo nom de l'auteur de ce récit est Razoua, commandant de l'Ecole militaire pendant la Commune.

PROFESSION

DE

QUELQUES MEMBRES DE LA COMMUNE

Voici la profession des principaux membres de la Commune. On comprendra alors toutes les turpitudes commises par ces individus qui exerçant des métiers honorables ou honteux, s'étaient rendus les maîtres de Paris :

Deux directeurs de maisons de débauche : Philippe et Louclas ;

Trois .. souteneurs de filles : Billioray, Fortuné et Johannard ;

Deux forçats libérés : Ledroit et Philippe (déjà nommé) ;

Deux faussaires : les frères Dombrowki;

Deux cabotins : Lisbonne et Garnier ;

Deux saltimbanques : Groslard et Okolowicz ;

Quatre prêtres défroqués : Pillot, Laroque, Mourot et Blanchet.

Six bijoutiers : les frères Mey, l'italien Camelessa, Landeck et Combanet ;

Trois marchands de vins : Audignoux, Boursière et Edmond Levrault ;

Huit cordonniers : Dereure, Durand, E. Clément, Séraillier, Sicard, Trinquet, Gaillard père et fils ;

Un garçon d'écurie : le général Bergeret lui-même !

Un pipelet : Rousseau ;

Un marmiton : Lacord ;

Un marchand de peaux de lapins : Ranvier ;

Un ex-ouvrier tonnelier : Millière ;

Un corsetier : Geresme ;

Un pharmacien : Jules Miot.

Au point de vue de la moralité, on comptait :

Six membres de la Commune condamnés

pour vol qualifié : Josselin, Viard, général Cluseret, Combatz, Okolowicz et Puget.

Deux assassins : Eudes et Mégy.

Sous le rapport physique, il y avait : quatre bossus ou boiteux : Blanchet (déjà nommé), Tridon, Vésinier et Grêlier ;

Deux borgnes : Andrieux et Sicard ; un androgyne, Salvador.

Cinq fous : Allix, Babick, Lullier, Tony Moilin et Flourens.

Frankel était Prussien.

PREMIER ANNIVERSAIRE

DE L'ASSASSINAT DES OTAGES

La rue de Paris, à Belleville, offrait, à la fin de mai 1872, l'aspect le plus animé. Voitures de maîtres et modestes fiacres formaient une longue file sur la chaussée à pente rapide, depuis l'ancienne barrière du Temple jusqu'au delà de l'église. Les toilettes luxueuses et les robes modestes, l'habit de cérémonie et la vareuse de l'ouvrier suivaient la même route et s'arrêtaient au temple dont la façade était tendue de draperies de deuil. On célébrait l'anniversaire des malheureuses victimes de la rue Haxo ; les parents et les amis de ces infortunés avaient voulu assister à cette triste cérémonie.

M. le curé de Belleville officiait. L'intérieur de l'église était couvert d'étoffes noires avec des broderies blanches.Des écussons sur lesquels étaient écrits ces mots : *Dieu et Patrie*, entourés de palmes du martyre, rappelaient que ceux pour lesquels on allait prier étaient morts en chétiens et en véritables patriotes. Un immense catafalque s'élevait en face du maître-autel.

Les veuves et les orphelins des gendarmes et des sergents de ville qui avaient préféré la mort à la honte de servir la Commune entouraient le catafalque. Les chants et les prières étaient à chaque instant interrompus par les sanglots.

En sortant de l'église, on s'est rendu rue Haxo, dans la maison qui porte les numéros 83 et 85 ; c'est là qu'on conduisit les victimes, c'est dans le jardin qu'elles furent assassinées.

Cette propriété se compose de plusieurs corps de bâtiments séparés par des jardins remplis de fleurs et d'arbres. Depuis une douzaine d'années, c'était une espèce d'asile pour la vieillesse, où, moyennant une somme modique, des ménages ou des individus seuls trouvaient une nourriture saine et un logement confortable.

— C'est moi, m'a dit le concierge, qui ai planté ces hauts peupliers, ces arbres à fruits, tracé ces allées, dessiné ces jardins.

Pendant l'investissement de Paris, ces vastes constructions devinrent le siége d'un secteur, et l'état-major de la Commune lui conserva sa destination militaire. Les religieux viennent d'acheter terrain et bâtiments et vont en faire un hospice pour les vieillards, un asile pour les enfants.

Des sergents de ville gardaient les deux entrées, mais tout le monde pouvait pénétrer dans le jardin. Du côté où ont été fusillés les otages, il y a du gazon, des fleurs et un vaste bassin rond, du centre duquel s'élance un jet d'eau.

Une allée longitudinale est bordée par une légère barrière de bois et de fil de fer; à quelques pas s'élève le mur où furent placées les victimes. Deux croix de bois noir ont été posées sur ce sol arrosé de sang et de nombreuses couronnes d'immortelles clouées à la muraille, posées sur la grille, portent en lettres noires : *A mon mari! A mon père!* ou simplement: *Souvenir!*

Les députations des gardes de Paris, de sergents de ville et de prêtres qui s'étaient rendues à l'église avaient suivi les veuves et les orphelins.

On voit encore sur le mur les traces des balles, et, immédiatement au dessous, une ouverture béante où furent précipités les cadavres.

Une femme qui avait assisté forcément à ces scènes monstrueuses, racontait qu'elle avait vu un fédéré tirer un prêtre par la barbe sous prétexte qu'il ne marchait pas assez vite, et le faire tomber dans la boue.

D'autres gardes nationaux le frappèrent à coups de crosse de fusil pour le forcer à se relever.

Mais un fait ignoré, ou du moins dont on n'a point parlé, c'est l'acte de courage d'un sergent de ville. Cet homme, taillé en hercule, était comme ses compagnons conduit à la boucherie, et marchait sans répondre aux insultes d'hommes et de femmes ivres, lorsqu'un garde national s'approcha de lui, le frappa en le traitant de lâche et d'assassin.

Le militaire le prit sous son bras et le mêla au groupe des condamnés ; le misérable ne put s'échapper : ses complices ne le reconnaissant pas, le prirent pour un versaillais déguisé, et malgré ses cris et ses protestations il fut fusillé, lui coupable, avec les innocents.

De la rue Haxo, beaucoup de personnes se sont rendues à la Roquette; mais pour entrer dans cette prison il faut être muni d'une autorisation de la préfecture de police, et presque tout le monde a dû rester à la porte. Au moment où je me trouvais à l'endroit où furent assassinés l'archevêque de Paris, M. Bonjean et trois de leurs compagnons, arrivaient le père et la sœur de Mgr Darboy, accompagnés de plusieurs membres de leur famille. Hommes et femmes se sont agenouillés près du petit grillage qui isole l'emplacement où tombèrent les cinq victimes. Mme Bonjean a envoyé, le 25, cinq couronnes d'immortelles que les gardiens ont attachées à la grille.

Sur la terre molle, on a planté des fleurs et des ifs ; une plaque de marbre clouée au mur porte en lettres d'or les noms des fusillés et la date de leur exécution ; sur la pierre on voit encore les traces des balles qui, après avoir troué les corps, s'aplatirent sur le mur.

LE MUSÉE DES OTAGES

Le 10 août 1873 eut lieu la pose d'un marbre commémoratif, à Belleville, à l'endroit qui a acquis une si triste célébrité depuis le 26 mai 1871, date de l'exécution par les fédérés des otages qu'ils avaient enlevés à la Roquette et conduits rue Haxo pour les tuer plus à leur aise. Depuis cette funèbre époque, les vastes bâtiments portant les numéros 75 à 85, sur la rue, étaient inhabités. Le quartier même s'était ressenti de la répulsion qu'inspiraient à tout cœur honnête de pareils forfaits, et la seule vue des lieux où ils s'étaient accomplis suffisait pour éloigner le public.

Des habitants de Paris et de la banlieue en grand nombre, des parents des victimes, assistaient à la bénédiction du marbre sur lequel sont inscrits les noms des otages. Le jardin avait été réparé, les peupliers élevaient leurs pyramides de verdure, les parterres étaient couverts de fleurs. Les allées étaient bien ratissées et bordées d'arbres au feuillage épais; les vignes vierges couvraient les murs et accrochaient leurs vrilles aux toits; les poiriers, les pommiers étaient chargés de fruits. Au milieu de ce paysage charmant, un bassin assez large, du milieu duquel s'élance un jet d'eau; puis, éparpillées sur la surface du jardin, les dix-huit pavillons qui forment l'ensemble de la propriété.

Les victimes entrèrent par la grille qui ouvre sur la rue Haxo, au numéro 85. Après l'avoir franchie, ils se trouvèrent dans une longue allée bordée à droite et à gauche de jardins entourés de haies. Là commença le massacre. Les fédérés tuaient à coups de baïonnettes et de sabres ces malheureux qui ne pouvaient se défendre. Beaucoup tombèrent morts dans cette allée. Ceux qui purent atteindre l'extrémité se trouvèrent au pied d'un grand mur, au-dessus d'un sous-sol recouvert seulement par quelques planches supportées par des travées en fer. On les tua, puis on précipita leurs cadavres dans le trou béant. On ramassa ceux qui étaient dans l'allée, et on les jeta avec les autres. On les retrouva ne formant plus qu'une masse informe de chair, de sang, de vêtements.

C'est à cet endroit du mur, au-dessus de cette espèce de cave, qu'a été posée la plaque de marbre noir qu'on a bénie le 10 août. Une large ouverture entourée d'un grillage laisse voir le fond grisâtre couvert de sable du sous-sol dont les parois ont été réparées. Sur le sable on a dessiné une grande croix avec les couronnes d'immortelles apportées là comme souvenir.

Dans une salle assez vaste, de forme rectangulaire, qui se trouve à quelques pas du lieu d'exécution, on a formé un musée où sont réunis des objets ayant appartenu aux otages.

Sur une table recouverte d'un tapis est un superbe revolver au canon argenté. Sur ce canon sont gravés les noms des victimes, un modèle du tombeau de Mgr Darboy et une tasse fêlée où l'archevêque a trempé souvent ses lèvres. La cheminée est ornée des deux bustes de Mgr Darboy et de M. Deguerry. A côté on voit le sabre du fameux général Duval, fusillé par les troupes de Versailles sur le plateau du Petit-Bicêtre.

A gauche, dans une armoire vitrée, on aperçoit des coiffures des victimes ramassées sur le chemin qu'elles furent obligées de parcourir : ce sont des chapeaux de prêtres, des képis de gardes de Paris, bossués, arrachés, souillés de sang et de boue séchés. A un képi sont encore attachés des cheveux et un morceau du crâne d'un otage. A droite, c'est la belle statue de l'archevêque qu'on a pu voir à la dernière exposition des Champs-Elysées.

Dans les autres pavillons, on a l'intention d'établir des crèches, des asiles pour les vieillards, une bibliothèque, des écoles.

La cérémonie a été des plus touchantes. Sur une vaste estrade garnie de velours rouge était installé le bureau. Dans un discours prononcé par un prêtre missionnaire, l'abbé Pavy, ancien prisonnier des fédérés, l'orateur rappela en paroles émues la fin courageuse de ceux dont il avait partagé la captivité.

CHATILLON

—

Le plateau de Châtillon est devenu un endroit historique. C'est là que, le 19 septembre, les Prussiens battirent nos soldats démoralisés depuis longtemps par les hommes qui s'étaient emparés du pouvoir le 4 septembre.

Fatiguées par de longues marches, énervées par des désastres inouïs, ces bandes sans discipline lâchèrent pied et les Allemands s'installèrent sur le plateau. Ils y établirent une batterie formidable et lancèrent de cette hauteur d'innombrables obus sur Paris. Plus tard, après le siége, lorsque la Commune, de sinistre mémoire, voulut chasser la Chambre de Versailles, où elle avait dû se réfugier, les fameux généraux Eudes, Duval et Henry conduisirent les fédérés vers Châtillon, qu'ils dépassèrent, et arrivèrent jusqu'au Petit-Bicêtre, où ils se firent battre.

C'était le 3 avril. Le lendemain, 4, la lutte recommença, et l'armée de l'ordre, l'armée qu'avaient insultée les Jules Favre, les Jules Ferry, les Arago, les Pelletan, repoussa les insurgés, les chassa de la redoute prussienne et campa sur ce coin de terre où tant d'hommes avaient été tués, où la terre était rouge de sang. Les gouvernants du 4 Septembre remercièrent les soldats de les avoir protégés et parlèrent à ces vaillantes troupes des devoirs à accomplir, de discipline à observer.

Puis des canons furent placés dans les embrasures allemandes, et, chose monstrueuse, les soldats français tirèrent sur les forts de Vanves, d'Issy, de Montrouge et sur l'enceinte fortifiée de Paris. Cette guerre civile, résultat de l'incapacité du gouvernement de la Défense nationale, on sait comment elle se termina.

—

J'ai voulu voir Châtillon à plus d'un an de distance. Que de ruines encore, malgré les réparations déjà faites ! A la tour de Crouy, on reconstruit les maisons détruites par les obus ; cet endroit, autrefois si charmant, n'est presque plus qu'un monceau de décombres. Sur le bord du plateau, regardant Paris, c'est la batterie prussienne. Les gabions y sont encore. Les maisons de chaque côté sont effondrées ; le voisinage des canons allemands leur a été fatal. Là se trouvaient quelques restaurants bien connus des Parisiens, qui s'y rendaient en foule le dimanche.

J'ai demandé des nouvelles des propriétaires de ces établissements, que j'avais si souvent visités en compagnie de quelques amis. L'un, Champoudry, renommé pour ses pieds de mouton poulette qu'on mangeait sous des tonnelles de vigne vierge, à l'ombre des lilas, est mort, ainsi que sa femme. Un autre, le père Michel, est retourné habiter ce qui fut sa maison.

Ce brave homme adorait les artistes et les gens de lettres. Il faisait son commerce en amateur. Quand une figure ne lui plaisait pas, il ne daignait même pas répondre aux demandes qu'on lui adressait, et envoyait chez ses voisins. Un troisième, — c'était mon homonyme, — était toujours ivre, et lorsqu'on lui demandait à boire sous le prétexte plausible de chaleur caniculaire et de soif ardente, il vous contemplait avec un étonnement profond :

— Comment, monsieur a soif? Tel que vous me voyez, j'ai soixante-cinq ans sonnés, et je n'ai jamais été altéré.

Son état d'ébriété faisait comprendre la raison pour laquelle il n'avait jamais soif. Il se désaltérait d'avance. Sa vieille compagne était taillée sur le même patron ; aussi quel ménage étrange! Le père Lepage est mort.

Le moulin à vent n'a plus d'ailes ; sa toiture conique a été enlevée, il ne reste plus que la tour. On ne voit plus ses grands bras, poussés par le vent, se mouvoir dans l'espace ; on n'entend plus son tic-tac joyeux ni le bruit sourd de ses meules broyant le grain.

De la batterie allemande rayonnent des tranchées qui vont se perdre dans les bois de Clamart ; puis, du côté de Sceaux, on voit les ruines de la redoute commencée au mois d'août 1870. Des murs sortant à peine de terre, une grande voûte en maçonnerie, des fossés, des pierres noircies par la chaleur et la pluie, voilà tout ce qui reste de ces travaux. A quelques centaines de mètres de la redoute, s'ouvre une immense crevasse, dans laquelle on descend par un sentier qui ressemble à un escalier fait de pierres, de terres et de racines. Il faut prendre des précautions pour descendre cette rampe et arriver au fond du ravin, bordé à droite et à gauche de terrains à pente rapide, plantés d'arbres à fruits, boisés ou couverts de fraisiers dont les fleurs blanches et les feuilles vertes forment comme une espèce de tapis aux couleurs éclatantes. Lorsqu'il fait chaud, le sentier est un amas de poussière dans laquelle on enfonce jusqu'à la cheville ; quand il pleut il se change en torrent et devient impraticable. Ce chemin pittoresque conduit à un endroit nommé le *Coup du milieu*. Là les ruines reparaissent.

Le restaurant tenu autrefois par Mme Sens, — ou la mère Sens, comme on voudra, — n'a plus ni porte ni croisées. Autrefois Monselet, La Bédollière, le poëte Armand Lebailly, le libraire Pick de l'Isère, Fernand Desnoyers, fréquentaient l'établissement de Mme Sens. La Bédollière chantait, Monselet songeait à son journal *le Gourmand ;* Desnoyers récitait ses vers à la maîtresse de la maison, Lebailly toussait, Pick parlait d'éditer un nouveau volume et quelquefois on restait plusieurs jours dans cette oasis, couchant dans la maison au toit de chaume, sur lequel poussaient des fleurs sauvages. On était éveillé par le chant des oiseaux, et de son lit on voyait un océan de verdure, on respirait les parfums apportés par le vent frais du matin.

Aujourd'hui, dans cet endroit si gai autrefois, règne un silence de mort. Les rares passants qui suivent le petit chemin qui borde la maison Sens s'arrêtent devant ces décombres. Ils pénètrent dans l'intérieur et regardent dans la grande salle du rez-de-chaussée les peintures à fresques, œuvres d'artistes en train de s'amuser, qui s'étalent sur les murs. Ces dessins, représentant des scènes gaies, sont en partie détruits.

Au-dessous de l'un d'eux, un soldat a écrit :

« Vengeance ! mort aux lâches et aux assassins ! »

Comme pour faire pendant à cette phrase, un communard a mis tout près :

VIVE LA COMMUNE !

Puis un portrait de la République coiffée du bonnet phrygien, et, au-dessous du portrait :

UN FÉDÉRÉ DU 127[e]

Cependant, malgré tout, les ruines disparaissent, les arbres coupés repoussent, les cultures reprennent, les herbes parasites sont arrachées, et le sol de Fontenay-aux-Roses, qui cache tant de cadavres d'Allemands et de Français, est couvert de fleurs et de fraisiers. De temps en temps on voit sortir de terre un morceau de fer rouillé : c'est un éclat d'obus.

Les Parisiens ont repris le chemin de la Petite-Suisse, et les cavalcades d'ânes sont nombreuses à Robinson. Mais la pauvre mère Sens, qui lui rétablira sa maison ? Et le père Michel, quand l'entendra-t-on, de sa voix-narquoise, répondre au client altéré :

— Je n'ai pas le temps de vous servir. Allez chez le voisin, il y a de la place.

L'INAUGURATION

DU MONUMENT DE CHAMPIGNY.

Il y a aujourd'hui trois ans, Paris assiégé par les Prussiens crut un moment à sa délivrance. La bataille sur le bord de la Marne, engagée le 30 novembre, recommençait le 2 décembre avec une nouvelle furie. La population anxieuse écoutait le canon, attendait dans les rues le passage des soldats et cherchait à avoir des nouvelles. Les blessés étaient recueillis, soignés, par des milliers de femmes qui plus tard, quand vint la famine, devaient montrer leur héroïsme en restant de longues heures sur les trottoirs, les pieds dans une boue mêlée de neige, le visage exposé à un vent glacial, attendant le pain d'avoine et le mince morceau de viande de cheval que l'administration répartissait avec une parcimonie bien compréhensible.

On a inauguré le monument élevé récemment aux soldats morts sur le champ de bataille de Champigny. De la gare du chemin de fer sont arrivés des Parisiens en grand nombre, des officiers, de simples soldats qui voulaient revoir cette campagne arrosée du sang français. Sur les chemins qui aboutissent au village c'étaient de longues files de campagnards se rendant soit à l'église, soit sur le plateau où se trouve le monument. Tout le monde a remarqué avec peine l'état de dégradation où se trouvent les tumulus sous lesquels sont enterrées presque toutes les victimes de ce combat. Ils sont recouverts d'une herbe épaisse et de plantes sauvages, les croix ont disparu et dans peu de temps, si l'on n'y apporte un prompt remède, le sol sera nivelé et il sera fort difficile de reconnaître les fosses.

Des maisons brûlées aux toits effondrés, aux murs noircis, se voient encore et rappellent à l'esprit le souvenir de ces batailles dont on se raconte les terribles épisodes. A travers cette campagne aux arbres dépouillés de leurs feuilles, la Marne roule ses eaux bourbeuses, le ciel est couvert de nuages, l'horizon est sombre, les hauteurs boisées, dont l'aspect est si pittoresque l'été, semblent écrasées.

A midi, la cérémonie religieuse commence. L'église est petite ; des drapeaux sont suspendus à l'intérieur ; le 39e de ligne rend les honneurs militaires. La rue étroite qui conduit au temple est occupée par la troupe. En face de la porte sont ceux qui n'ont pas pu se placer dans le modeste monument. Le conseil général de la Seine, le conseil municipal de Paris ont envoyé des députations. Les maires des villages voisins se sont fait un devoir d'assister à cet anniversaire.

A une heure et demie, aussitôt l'office terminé, le clergé sort suivi immédiatement du conseil municipal, des généraux, des députations et des sœurs de Saint-Vincent de Paul. On remarque le général Appert, chef d'état-major général pendant le siège; le général d'artillerie Boyssonnet, représentant l'armée; son frère, général du génie; le général Fournès qui commandait une brigade de la division Bethmann, le colonel Lambert. Le cortége suit la rue conduisant au plateau sur lequel s'élève le monument qui est d'une grande simplicité. Il occupe un étroit espace de terrain en bordure sur l'ancienne route de Paris. Son aspect est celui d'une pyramide reposant sur un oubassement quadrangulaire.

La face, du côté de la route, a dans son couronnement une figure de femme portant la couronne murale et représentant la ville de Paris ; au dessus on lit : « *Défense-de Paris.* « Puis, un bouclier recouvrant une palme ; au centre du bouclier un soldat blessé tenant un glaive brisé et s'appuyant sur un autel. Au-dessous de cette composition, due au ciseau de M. Chapuis, sont gravés ces mots : « 30 *Novembre* — 2 *Décembre* 1870. »

Sur les autres faces sont des couronnes, une tête coiffée d'un casque, les armes de la ville de Paris. Le monument est tout entier en roche d'Euville. Une tente avait été dressée pour abriter les invités.

Aussitôt le cortége arrivé au pied du monument, le clergé a récité les prières ; ensuite un prêtre en a fait le tour, jetant sur le monument de l'eau bénite. Pendant cette partie de la cérémonie, on a tiré le canon. M. Prévost, maire de Champigny, à lu un discours dont la première partie a été fort applaudie. Il a terminé en parlant de la

République, mais sa parole n'a trouvé d'échos que chez des individus aux cheveux lisses et en casquettes plates qui s'étaient installés sans façon dans le branchage des arbres qui bordent la route. Ces membres du Jockey-Club de Belleville ont crié : Vive la République ! du haut de leur perchoir. A ce cri on a répondu par celui de : Vive la France !

M. l'abbé Legrand, grand-vicaire de l'archevêque de Paris, a, dans une allocution fort touchante, rappelé l'héroïsme de nos soldats. Il a eu des images heureuses en comparant l'endroit où il se trouvait au Calvaire, et disant que, si le sang du Christ avait sauvé le monde, le sang de tant de soldats morts glorieusement sauverait la France.

M. le général Boyssonnet n'est point un orateur ; parler en public le gêne ; du reste il paraissait fort ému. Il a résumé très-rapidement la conduite de l'armée et de ses

chefs pendant la bataille de Champigny. Son émotion a gagné l'auditoire qui a vivement et sincèrement applaudi le brave militaire qui fut blessé grièvement dans cette terrible journée où périrent le vieux général Renault et beaucoup d'autres officiers supérieurs. Le commandant Franchetti y reçut une blessure mortelle; les généraux Frébault, Paturel furent atteints par les projectiles, et le 4e de zouaves perdit 900 hommes.

Le vice-président du conseil général de la Seine a avec un tact exquis parlé du général Boyssonnet, qui, se voyant le point de mire de tous les regards, a disparu dans la foule ; puis le cortége a repris le chemin du village.

Beaucoup de parents et d'amis des victimes s'étaient rendus à Champigny, et bien des larmes ont été répandues. La cérémonie s'est terminée à trois heures et demie.

Outre le 39e de ligne, il y avait aussi une batterie du 4e d'artillerie et une du 12e, et un escadron du 13e chasseurs, ancien régiment des chasseurs de la garde impériale.

L'orphéon de Champigny, la fanfare du parc de la Varenne ont apporté leur concours à cette touchante cérémonie.

FIN

TABLE DES MATIÈRES

ERRATA

Pages	Lignes	Au lieu de	Lisez
44	7	A. Leuthécie	A. Lenthéric.
44	10	suisse connu	suisse comme.
44	20	scènes de la vie de carobris	scènes de la vie de carabin.
45	9	Viemaitre	Viremaître.

www.ingramcontent.com/pod-product-compliance
Ingram Content Group UK Ltd.
Pitfield, Milton Keynes, MK11 3LW, UK
UKHW020315230726
13925UKWH00002B/436

9 782019 234812